卓越的全球城市
国家使命与上海雄心

GLOBAL CITY OF EXCELLENCE

周振华○●著

格致出版社　上海人民出版社

前　言

几年之前，全球城市这一议题，还只是限于专家学者们的研讨范围，尚停留在向上建言献策层面。如今，国务院批复《上海市城市总体规划（2017—2035 年）》，明确上海建设卓越的全球城市。其已成为统领上海今后各项工作的行动指南，进入全社会集体行动的实际操作过程。上海社会各界将朝着这一战略新目标，齐心协力开启迈向卓越全球城市的新征程。

行动一致，源于认识的统一。行动的自觉，要求我们对全球城市理论及其国际经验与标杆等有一个清晰了解，对卓越全球城市战略新目标的内涵、工作方针及任务要求等有一个透彻理解。不仅仅是政策制定者心里明白，专家学者脑子清楚，而且是广大干部群众对此形成共识。然而，全球城市是一个新概念，卓越的全球城市尚未具象化，全球城市战略意义等知识并不普及，建设卓越全球城市的路线图尚未清晰化，因此大家迫切希望了解全球城市的内涵及功能、其卓越的标尺以及全球城市"四梁八柱"的构造等，迫切希望知道上海在新时代定位卓越全球城市建设的基本逻辑、目标愿景、结构框架、发展路径等，迫切希望知晓建设卓越全球城市的总体架构、行动策略、切入点与重点、推进步骤等。中共上海市委宣传部周慧琳部长在一次全国书展中，看到我刚出版的学术专著《全球城市：演化原理与上海2050》，当即给上海出版部门提出要编写一本面向大众的全球城市简明读本。于是，针对人们普遍关心的问题，我撰写了此书。

此书的一部分内容，主要涉及全球城市理论，是在《全球城市：演化原理与上海2050》一书基础上改写的。其中，挑选重点，把一些抽象的概念范畴、繁杂的理论验证以及学术语境的规范表述转化为具象化的事物、简明扼要的推论以及浅显易懂的表达。对于学者来说，大道至简，化复杂为简单、化深奥为通俗，也不失为一种思想认识的升华，一种学术成果的再创作。另外，根据当前上海推进卓越全球城市建设中人们普遍关心的问题，增加了许多新内容。尤其是结合当前新形势进一步充实与完善了上海建设卓越全球城市的基本逻辑论证，阐述了上海建设卓越全球城市的重大战略意义及所负国家重任，并着重分析了上海如何破题和开启迈向卓越全球城市的新征程等。因此，此书并不是一个简缩本，而是一本新论。

鉴于出版此书的意图，我在撰写过程中突出了需求导向、问题导向。事先进行了调研，征集各界普遍关注的问题，特别是尚存疑惑的问题，并对这些问题进行归类与梳理。围绕这些问题，确立本书重点内容,并且不按照体系结构进行安排,而是作专题式的解读。针对这些问题,采取直接问答式方法进行解疑释惑,让人一目了然。这对于我个人学术生涯来说,也是一种新的尝试。当然,这种结构安排及阐述方式可能淡化了各专题之间的逻辑关系,缺乏完整性的理解。另外,这类提问不能过于细微,要归为一个大类的提问,其准确概括较难。在此过程中,也难以作一一对应的问答,往往所回答的内容可能会有所扩展,超越其直接提出的问题。好在《全球城市:国家战略与上海行动》一书再版,与本书作为姐妹篇一同发行,可在一定程度上弥补这一缺陷。

目 录

1

何谓卓越的全球城市？

　　全球城市作为 20 世纪 70 年代现代全球化的产物，其生成与发展的时间并不长。尽管纽约、伦敦、巴黎、东京等全球城市兴起及展现的风采有目共睹，但全球城市作为一个特定概念和特殊城市功能形态，并不为人们所熟知。建设卓越的全球城市，是上海面向未来、面向全球的战略新目标，并将作为行动指南统领各项工作。因此，必须首先对全球城市的内涵、功能、结构、形态及发展规律等有充分认识与深刻理解，从而准确把握和瞄准战略新目标。

1.1 "卓越的全球城市"还是"全球的卓越城市"?

这一问题的提出,也许并不具有实质性,却具有普遍性。在谈及上海战略新目标时,常常会被说成"全球的卓越城市",甚至在一些媒体上也时有如此报道。这也许是一种口误或随意性表达,但从一个侧面反映了对全球城市认识上的偏差与误解。

国家赋予上海战略新目标是:建设卓越的全球城市。这里讲的"全球城市"是一个特定概念(本书后面会具体展开释义),而"卓越"作为形容词修饰用来表明全球城市所要达到水平与能级的程度。

"全球城市"作为一个具有特定内涵的概念,如果从类型学角度讲,表明的是一种特殊类型的城市属性。因此,"全球城市"并非指"全球的城市"。如果我们所讲的"全球城市"是暗指"全球的城市"时,实际上已偷换了概念,即用城市空间尺度替换了城市特殊类型。"全球的城市"并非一个特定概念,只是表明一种空间尺度下的城市,犹如我们通常所说的一个国家的城市、一个地区的城市那样,无非是一种更大的空间尺度而已。然而,在实际运用中我们很容易将两者混为一谈,甚至学术界也经常如此。例如,社会上颇有影响的"全球城市竞争力指数",实际上是用来衡量全球范围内所有城市的竞争力水平,而不是衡量特定的"全球城市"竞争力水平。它所讲的全球城市,仅仅是空间尺度下的"全球的城市",既包括了特定类型的全球城市，也包括大量非全球城市。从类型学角度讲，"全球城市"不过是"全球的城市"这一"大家庭"中的重要成员之一，并不能代表所有的全球的城市；反过来，"全球的城市"也无法表达"全球城市"这一特定概念。而"全球的卓越城市"提法中，"全球"作为形容词也只是表明一种空间尺度，从而实际上把"全球城市"等同于"全球的城市"来看待，是有较大偏差的。

"卓越"用来修饰全球城市表明其所要达到的程度（在后面论述中会专门讲到全球城市的卓越标志），是相对于"一般"等而言的。而所谓"全球的卓越城市"，其中的"卓越"修饰的是城市，不是全球城市这一特定对象。"卓越城市"这一概念，且不说目前国际上尚未有明确定义，即使有的话，也无非如活力城市、宜居城市、智慧城市、机遇之城等一样，仅仅反映了一般城市属性的特征或程度。我们知道，"全球城市"作为一个特定概念，是指在全球网络中居于基本节点地位，具有全球资源配置特定功能的城市。而"卓越城市"尽管在各方面或某些领域表现优异，但并不一定具有全球资源配置的特定功能。例如，我们可以罗列出一批世界上充满活力、富有创新、生态宜居、高度智慧化、历史遗产丰厚、人文环境良好的卓越城市，但其未必能进入全球城市的行列。

值得指出的是，这里并不仅仅是厘清概念和避免混淆的问题，而是涉及对全球城市内涵的理解与把握，因而进一步关系到能否对上海城市发展进行准确的战略定位。如果把"卓越的全球城市"误解为"全球的卓越城市"，那么在建设过程中的一系列思路举措、政策及其策略的切入视角、重点内容、路径选择都将会发生较大偏差。因此，必须正名上海战略新目标是建设"卓越的全球城市"。

1.2　全球城市与一般城市的联系与区别？

全球城市作为一种特殊类型的城市，毕竟还是一个城市。那么，它是如何源自城市，从而具有城市的基本属性，但又超越了一般城市，从而具有自身独特属性的？从城市的角度讲，全球城市的共性与个性是一个重要的关系问题。

从静态来看，全球城市是基于一般城市基本属性发展而来的具有独特属性的城市，有其特殊构造。

全球城市作为一种城市现象，具备了一般城市的所有基本属性。例如，它具备城市建构的所有必备要素与构件以及系统运行体系。城市是由多种复杂系统所构成的有机体，包括城市各类主体，如居民和外来人员、企业、各种组织、政府机构等；城市客体，如基础设施和公共服务设施、各类用途的建筑、绿地和公共空间、自然生态环境等；维持城市居民生活和生产活动所必不可少的城市生命线系统,如供水、供电、供热、供气、交通、消防、医疗应急救援、地震等自然灾害应急救援系统等。又如,它具备城市的一般功能。城市功能是由城市的各种结构性因素决定的城市的机能或能力,是城市系统对外部环境的作用和秩序,也是城市发展的动力因素。城市主要功能有生产功能、服务功能、管理功能、协调功能、集散功能、创新功能等。同时,按城市成长的基础划分,既有基本职能(也称基本活动),主要指满足城市外部需求和为外部地区服务的活动;也有非基本职能(又称非基本活动),主要指满足城市内部需求和为本市范围服务的活动。通过基本—非基本比率,可表明城市功能结构。城市的性质和发展规模,主要取决于其基本职能。还有,它具备城市的基本效能。城市作为人类"最伟大的发明"[1],通过空间集聚使人有可能学习其他聪明的人而变得聪明,并通过连接起聪明的居民彼此加快了创新,从而释放了人类潜能。这是一个无与伦比的城市内部和城市之间沟通密切的非凡结果。[2]上述城市的基本属性,全球城市全都具备,而且某些方面表现更为突出。例如,城市主体中有更多的外来者及其组织机构,基础设施更加互联互通,公共服务设施要求更高;具备更多的商务楼宇和公共活动空间,更强大的城市生命线系统,更大的经济密度,更强的服务、集散、协调、管理、创新等功能,更高的基本—非基本比率以及城市效能,等等。

然而,全球城市在一般城市基本属性基础上又发展出自身的独特属性。例如，在具备城市建构所有必备要素和构件以及系统运行体系的基础上，突出了某些方面而形成特殊构造。在城市各类主体中，突出了高度集聚全球功能性机构（公司）的重要性和唯一性。在城市客体中，突出了全球业务运作大平台的基础设施和公共服务设施、商务楼宇和公共活动空间等基本要素。在城市生命线系统中，突出了满足大规模要素流量的基本要求。又如，在城市一般功能的基础上，更加突出了全球资源配置功能，更加突出了满足全球需求和为全球服务的基本职能。还有，在具备城市基本效能的基础上，突出了全球范围的空间集聚和全球城市网络的密切连接，突出了基于全球连接的创新活力及人类潜能的释放。

从动态过程看，全球城市是从一般城市发展基础上变异演化而来的一种新物种与新形态，有其特殊的演化路径。

全球城市并非从石头缝里蹦出来，而是基于一般城市的发展而来。一般城市发展与演化主要基于两种维度：一是依据人口和地域面积的规模形态，从小城市演化为中等城市、大城市乃至超大城市；二是依据产业及机构属性的城市功能，从商业城市演化为工业城市继而演化为以服务经济为主的城市等。全球城市的"前世"历程，同样也是如此；而且必须经过如此的城市发展达到一定高级的演化程度，形成相对较大的城市规模和容量，形成强大的城市集聚与辐射功能，形成以服务经济为主的产业结构，形成较高基本—非基本比率的城市功能结构等。例如，全球城市由于对外广泛连接，需要有相应体量和容量的基础。因为大城市或超大城市的规模效应，通常更容易吸引跨国公司总部和地区总部以及全球服务公司等机构。佩雷拉(R.Pereira)和德鲁德(B.Derudder)的研究表明，全球服务公司已经越来越位于世界特大城市。[3]同样，全球城市对外广泛连接是以先进生产者服务为重要媒介的，因而通常是服务经济为主的城市，其服务业占比高达 80%—90% 以上。从这一角度讲，全球城市是从一般城市发展基础上演化而来的，不能切割两者之间的血脉关系。

然而，全球城市是在一般城市发展进程中发生变异演化的产物。在现代全球化这一外部选择环境的作用影响下，一些城市的发展出现变异演化，其遵循着独特的演化维度，即依据对外连接的空间尺度，从连接周边腹地的当地城市演化为连接国内的国内城市，乃至演化为全球网络连接的核心节点城市。这一变异演化的最终结果是形成了一种城市新物种和新形态，赋予其特定的功能。例如，全球城市的对外连接延伸到全球，且大大超越其他空间尺度(地区、国家)的连接；其集聚与辐射的主要对象是世界腹地；其要素流动与资源配置具有全球性功能，等等。因此，全球城市与一般大城市、服务型城市等不能简单等同或混为一谈。例如，欠发达国家有一些具有绝对人口规模的超级城市(例如达卡和喀土穆)，但在全球城市网络中却是很难连接的"黑洞"。它们由于缺乏广泛对外网络连接，因而并非全球城市。又如，服务经济为主的城市也不一定能成为全球城市。有些被誉为旅游胜地的城市，尽管服务业比重很高，但其主要是生活性服务，对外连接的媒介作用有限，从而不能成为全球城市。即使是以先进生产者服务为主的城市，如果其规模较小、容量有限，限制了对外网络连接的程度，也难以成为全球城市。

总之，全球城市与一般城市之间既有内在联系又有本质性区别。我们既不能把全球城市当作完全有别于城市的"另类"，也不能将其作为对所有城市适用的一个普遍性概念，或者是已经和正在演绎的全球化背景下的一般城市主题。认识与理解它与一般城市之间的内在联系和本质性区别，是准确把握全球城市这一概念的关键。

1.3　全球城市的基本内涵是什么？

在辨析了"卓越的全球城市"与"全球的卓越城市"，以及厘清了全球城市与一般城市的关系后，读者也许迫不急待地想要了解与知道"什么是全球城市""怎么定义全球城市"等问题。按理，要真正理解全球城市，必须了解"它从何而来，依何而生，为何而特"，然后才能给出其内涵及定义。但为了满足这种求知"好奇"，我们不妨先提纲挈领地阐述全球城市基本内涵要点，然后再讲述它的"前世今生"。也许，这同样可达到异曲同工的效果。

1. 全球城市是现代全球化的产物，是一种新型世界体系的空间表达。全球城市作为世界城市网络中的主要节点，是基于网络流动的联结。它正是通过网络的广泛连通性，才体现出在全球经济活动中的重要地位。具体讲，就是通过使城市和系统相互依存、互为支持而行使城市控制力；通过嵌入密集网络或社会与物质关系之中而发挥城市影响力。从这一意义上讲，没有网络连接，全球城市的概念就没有意义。全球城市存在的合理性及其重要性，取决于与其他城市（节点）之间的关联程度。因此，全球城市的本质属性，既不是自身拥有的超级规模与强大经济实力，也不是跨国公司和全球先进生产者服务公司集群的存在，而是"协调和专业服务于全球企业和市场是否正在发生"的网络联结。这种网络空间组织的主要节点，具有明显"地点—流动"空间的过程统一性。

2. 全球城市的关键功能在于把不同地理尺度的经济活动联结到世界经济中去，实现全球资源要素流动和合理配置。一般城市作为地点和实体的中心，具有集聚与扩散功能。其主要集聚周边地区或国内的资源要素，通过城市这一"搅拌器"转化为财富或价值创造，其中有相当部分沉淀下来，一部分扩散和辐射出去。这种通过集聚与扩散在城市实体中直接配置资源的作用是相当有限的。与此不同，全球城市充当网络的基本节点，发挥着全球枢纽、门户和通道作用，是全球资源要素，特别是高端人力资本、先进知识和技术，以及信息等大规模流进与流出的必经点，并通过汇集各种公司专业化服务以及各地资源成为全球经济的控制点，以及作为位于其中的生产商融入全球经济的进入点，由此促进全球资源要素大规模流动及其配置。或者说，它们作为跨境经济活动的治理点，对世界经济进行控制、管理和服务。全球城市正是通过基于网络的全球资源流动与配置，而在全球经济中处于重要地位。

3. 全球城市呈现多层次的空间权力关系，在多尺度连接中扮演重要角色。全城城市的空间权力是在网络组织的流动中被赋予的。在这一网络组织的流动中，全球城市实际上经历了两个进程：一方面，去领土化过程。这是由全球金融部门、跨国企业、全球生产者服务公司，以及交通、通信信息部门的技术革命所实现的。因而，全球城市具有强烈的跨境关系，打破了传统基于中心地理论的城市—外围腹地关系，侧重于跨大洲的内陆世界联系，在空间权力上超越了国家范围。另一方面，国家体系对全球城市形成的影响过程。尽管流行观点通常认为目前跨国公司可以在全世界设立生产工厂，地理因素变得无关紧要了。但事实上，跨国公司认真选择其总部及子公司区位仍然基于国家的属性特征。因此，全球城市呈现多层次的空间权力关系：首先，是它们作为领土权利的坐标和国家制度体系的图层；其次，它们是全球体系网络中的节点。全球城市在多尺度连接中扮演重要角色，从而作为一个重要单元，往往代表国家参与全球合作与竞争。

4. 全球城市在全球事务中产生的重大影响力与作用力，随其在世界网络中发生联结的重要性而动态变化。全球城市的网络连通性水平，其绝对和相对提升或下降的变化，都会影响和决定其在全球事务中的影响力与作用力，改变其在世界网络中的地位。此外，随着经济领域和行业在世界经济中的重要性变化，以及相应的"引进来"与"走出去"、平台方面的全球连接方式变化，全球城市在世界网络中的重要性及其地位也会发生结构性变化，从而其在全球事务中的影响力与作用力将明显不同。

上述四个方面的内涵构成了一个全球城市范式。实际上，这也给全球城市下了一个分析性定义：全球城市作为全球化的空间表达，是世界城市网络中的主要节点，具有世界网络联结的多层次空间权力关系，在多尺度连接中实现全球资源要素流动与配置功能，并随其联结重要性程度动态发挥影响力与作用力。值得指出的是，这是高度提炼的要点，以下一系列阐述将为其提供理论支撑和经验佐证。

专栏 1.1　全球城市定义的两种类型

全球城市定义可以有两种，描述性的或分析型的。前者主要界定"全球城市是什么及其表现"等具体内涵；后者主要界定"全球城市是什么样的存在，意义与作用何在以及如何变化"等基本内涵。

霍尔（P. Hall）、厄尔曼（E. Ullman）、弗里德曼（J. Friedmann）、萨森（S. Sassen）、思里夫特（N. Thrift）和泰勒（P. J. Taylor）等学者都给全球城市作过描述性的定义，归纳起来有：（1）政治权力中心；（2）贸易和商业的门户（具有港口、机场、铁路、商业路线等）；（3）信息和文化的聚集和传播中心（具有全球影响力的主要学术机构、博物馆、网络服务器和提供者、大众媒体等）；（4）国际活动（体育、文化、政治等）举办地；（5）人口聚集节点；（6）全球流动和/或旅游的枢纽；（7）人力资本和学术界（科学家、艺术家、民众运动等）聚集点；（8）宗教崇拜的主要站点（朝圣地、精神象征地、主要宗教组织的"总部"等）；（9）国际组织、非政府组织和公司总部的所在地；（10）标志性建筑的站点；（11）大型侨民"收容所"；（12）具有全球知名度的大都市（城市名称的可识性），等等。这种描述性定义给人以更具象的认识和把握，但最大问题之一是势必带来一个冗长且杂乱的"项目清单"，并随着时间推移和多维度研究视角扩展使其可能继续增多和拉长，从而难以形成共识。更为关键的，这些功能角色的相关性和次序(相对重要性)是动态变化的,难以适时准确把握。

因此,全球城市本质上不是一个描述性术语,而是一个允许人们探测全球化的分析型概念。这种对全球城市的分析型界定,是一种稳固的定义结构,并不随时间推移而改变,将贯穿于全球城市的整个过程。这种全球城市的分析型概念,有助于形成全球城市范式。

　　资料来源:根据周振华《全球城市:演化原理与上海2050》(格致出版社、上海人民出版社2017年版)有关章节改编。

1.4　全球城市是何种历史背景下的产物?

前面已经提到,全球城市是在一般城市发展基础上变异演化的城市新物种与新形态。其发生变异,是有条件的,受一定外部选择环境的作用影响。这一外部选择环境就是现代全球化与信息化进程。因此尽管城市早已存在并延续至今,有着悠久的历史,但全球城市作为一个新生事物,则是在20世纪七八十年代以后才逐步兴起和发展的。我们首先要分析全球城市形成和发展的背景条件。

任何一个新事物出现都是诸多内外变量交互作用的结果,全球城市也是如此。其中,现代全球化进程无疑是全球城市兴起和发展的最主要影响因子,是推动其发展的基本动力。

　　国际货币基金组织 1997 年 5 月发表的《世界经济展望》把全球化定义为"跨国商品与服务贸易及国际资本流动规模的形式增加，以及技术的迅速传播使世界各国经济的相互依赖性增强"。这里指的是 20 世纪七八十年代以来的现代全球化进程，以区别于传统全球化（见专栏 2）。现代全球化进程的主要标志是跨国公司蓬勃兴起，其在全部经济活动中所占的比例发生了决定性的改变[4]，在世界经济和国际分工中扮演了举足轻重的角色。跨国公司不仅掌握着全球 1/3 的生产和 70％的技术转让，更掌握着全球 2/3 的国际贸易和 90％的外国直接投资。当今最重要的工业（如汽车、电子、航空、石化等）以及重要的服务业（如金融、保险、电信等）都已纳入跨国公司的全球化国际生产和服务网络体系。从这一意义上讲，与以往不同，现代全球化是企业全球化。

　　现代全球化进程不仅具有更大的广度与强度，而且其跨国经济活动的内容本质和组织也有了决定性改变。特别是全球经济活动的组织形式及其空间结构逐渐进入一个深化转型的时期，形成了新的国际劳动的地域分工，即从基于国家的不同产业部门全球分工进一步发展到基于企业的产业内、企业内的全球分工。与此相适应，国际贸易中传统的稀有材料和工业制成品的国家间贸易日益被跨国公司内部之间的商品、资本和信息流动所替代，从而导致了跨国公司内部贸易在全球贸易中的份额日益增大。

这一时期的全球化，以跨国公司对外投资形成的全球商品链和价值链为载体，是一个产品、交换和消费在全球范围内融合的过程，以及与之相关的协调和服务在世界范围内被融合的过程，因而是以全球市场的创造、资本的快速流动、全球制造业的转移、复杂生产链在全球范围的延伸，以及全球消费者市场的内在联系为特征。跨国公司的全球商品链和价值链的全球化生产与消费，使全球经济的地域分布及构成发生变化，塑造了世界经济新地理。与此相关联，全球化也促使了新世界观和文化感知的结合，对全球资源和环境的生态关怀，以及全球治理体系的建设。这无疑加强了全球的联系程度和世界的一体化结构。

以跨国公司及跨国经济活动蓬勃发展为标志特征的全球化进程加速，给世界经济带来了两个主要的深刻转变。一是全球化生产与消费，导致了人才、金融、货物和服务等跨国流动成为可能和更加频繁，而与此相关的是国家和地区界限的日益消除。二是跨国公司对外投资形成的全球商品链和价值链布局，产生一种空间分散化而全球一体化组织的新格局。跨国公司的这一资源配置方式，打破了国家的界限，更多地依托于世界各大城市进行并向各地扩散。因此，不管距离因素是否被简单消除，已经重新构画了其相互作用的空间约束，城市成为其实施全球一体化组织的重要空间载体。这两方面的深刻转变，引起了国家及其城市、企业竞争关系的许多新变化。其中,在世界经济中,国家作为独立的经济单元,较以前的作用有所下降,权力重心向城市下移,而城市作为经济单元的重要性迅速上升,发挥着代表国家参与全球合作与竞争的作用。克雷斯(P.Kresl)指出,城市有能力运作基础性资源以及吸引全球投资,而这一特性非常适合于一个高度竞争的全球经济的需要。[5]从某种意义上讲,城市的实力往往代表着国家的实力,国家与国家间的竞争在很大程度上被具体化为以城市为核心的区域间的竞争。[6]

在这样一种新的外部选择环境下,一些具有独特区位优势和相当发展基础的主要城市,对此作出积极反应,其发展演化出现变异,进入新的演化轨道,日益成为跨国公司控制管理集中化的集聚地,以及跟随跨国公司而来具有全球协调功能的全球先进生产者服务公司的集聚地,从而被赋予了指挥、管理、协调全球分散化生产的一种新的战略角色,即成为国内外企业运作的跨国经济空间,并通过复杂的全球城市体系成为整合全球生产和市场的指挥者和协调者(Friedmann,1986)。于是,这些主要城市就被贴上了"全球城市"的特定标签。这些全球城市的关键特性和功能,在于把不同地理尺度的经济活动联接到世界经济中去,实行全球资源的战略性配置。这不再与传统全球化的帝国力量或是贸易组织有关,而是与跨国公司、国际银行和金融行业、超国家的政治,以及国际代理机构的运作有关。[7]

与此同时,全球化伴随着从工业社会过渡到一个新的信息社会[8],即"全球网络社会"的崛起。世界信息化的发展,嵌入全球化进程之中,助推了全球城市形成和发展。因此,信息化是影响和决定全球城市的一个重要协变量。

通信革命及其信息化从根本上改变了时间和空间之间的关系,使以前人们通过在同一时间、同一个地方汇聚一起相互作用激活的空间组织,如今无需人们走到一起就能在全世界同时激活。因此,信息通信技术,包括互联网及其骨干网在世界经济中扮演着重大且越来越重要的角色,生产、分配和交换的过程都越来越依赖它们。电子基础设施为企业提供了增强的全球能力,促进了物流、人流、技术流和资金流等聚集和扩散的强度与速度,并通过各种"流"将空间上距离遥远的地域联系在一起。这与全球化形成了强大的交互作用。由跨国公司或全球公司的全球贸易、投资和生产的国际化,以及金融主导经济一体化所推动的全球范围(除部分非洲国家)的国际经济、政治、文化的交流,借助于日益发达的电子信息技术、交通工具及其网络,提升到了一个历史空前的程度;反过来,现代信息技术的广泛运用及其网络化,也正是借助于资源要素大规模全球流动而得到迅速推广与普及。当今,两大浪潮的交互作用,加强了全球连通性和世界一体化结构,至少对于实际上与世界生产交换体系及全球通信和知识网络密切联系的那部分世界人口来说影响重大，对其作为既是生产者又是消费者有了深刻的重新定义，同样社会生活的时间和空间被深刻地重新安排。其中，一个重大变化是，在原有"地点空间"基础上引入了一个关键的空间维度——流动空间，作为我们当代世界的特色。

由于城市本身就是产生和处理信息、聚集和交流信息的主要场所，因而信息化及互联网活动在地理分布上具有明显的"城市偏好"[9]，对城市，特别是大城市有较强的依附性。例如，马莱茨基（E.Malecki）利用全球主要城市所拥有的互联网骨干网络带宽与网络数量等数据，发现全球范围的网络空间分布倾向于全球城市。[10]智能建筑、电信港、光纤以及其他关键技术，已成为城市基础设施的重要组成部分。反过来讲，信息化也将赋予城市新的资源依赖及其比较优势，明显改变稀缺自然资源竞争性配置中的不稳定性，呈现明显的报酬递增趋向，对其发展产生重大和深刻影响。同时，信息化正迅速改变城市的政治、经济、文化景观等各个方面，对原有的城市要素及构件进行快速的重新塑造与组合。例如，通过信息化，促进物流、人流、技术流和资金流的聚集和扩散的强度与速度，明显增强城市服务功能和对外连接功能。又如，通过信息化，深刻改变传统工业时代留下的城市功能，使城市的发展向适应信息社会的生产方式和生活方式的方向转变。由于信息化的发展速度是非线性的，因而凡是已经进入信息化的城市，其发展速度将越来越快,呈现加速度发展,最终确立所处的枢纽和主干信息节点的地位;反之亦然。因此,信息化发展及水平提升,对一个城市未来的经济增长以及在全球城市体系中的地位将起到决定性的作用。[11]特别是那些全球城市,其发展及其功能发挥,日益依赖于先进的远程通信网络和服务。因为全球城市对外连接关系极少是有形的,其间的无数流动是来自商务的思想、信息、知识、计划、指令、建议等。在这样的流动空间中,信息化起着关键性作用,使全球城市能与远程生产中心之间产生交互。因此在以通信联系为基础的世界资本市场交易中,如何获得信息空间的进入权和对信息空间主要节点的控制权,是能否在国际资本积累博弈中取得最终胜利,并成为全球城市的关键之所在。从这一意义上讲,远程通信网络促进了全球城市的形成和发展。

总之,在全球化与信息化交互作用过程中,由于不断增强了全球与地方的经济、文化和政治的联系,并形成不断一体化的全球生产和服务网络,从而在地域空间上产生了一种复杂的二重性:经济活动在地域上的高度分离与全球范围内的高度整合。在这种情况下,城市(特别是大城市)的重要性日益凸显。因为全球化和信息化现象在地域空间的集结点(城市)中表现得最为明显,特别是信息成为世界经济新的战略性资源,电信系统成为城市关键性的基础设施,通过建立全球性的具有"瞬时"通达性的网络,推动城市之间的国际连接，加速了社会经济要素在城市空间的集聚性增长。因此，全球城市网络日益成为全球生产和服务网络的空间载体，其中的全球城市日益成为对高度分散化的经济活动进行控制与协调的最佳空间节点。许多变化都是通过全球城市被处理和传达的，这些城市是维持当代世界经济多种连接与互连的节点。[12]

除此之外，在全球化与信息化交互作用过程中，那些日益全球化的城市，其功能、组织及体系结构也随之发生剧烈的变化，如服务业逐步取代制造业而成为城市发展的支柱行业；创新能力的高低成为城市发展的决定性因素，从而使城市成为创新基地；与此同时，城市也成为消费中心及产品销售市场，等等。这些城市通过一系列的质变，也就逐步演化为全球经济网络结构中的主要节点，即全球城市。

因此，全球城市作为一种新的城市形态，是在全球化与信息化交互作用的特定背景下应运而生的，并成为这一特定背景下一种新型世界体系的空间表达。

专栏 1.2   传统全球化不能作为全球城市兴起的历史背景

如果从地域经济扩展的一般意义上讲，全球化并不是一个全新的现象，甚至可以追溯到 16 世纪。从那时起，就开始陆续出现了一系列全球化动向,包括纳入大英帝国的体系中去,实行经济殖民化,以及各种世界贸易条约等。进入 19 世纪中叶,与全球化相一致的基础性条件均已建立起来,如一系列国际机构的出现、国家政府之间战略协作及其制度化、全球的交流方式及标准的时间体系确立、国际市场竞争及激励的通行规则形成,以及有关公民和人权观点的基本共识等。

但在 20 世纪 80 年代之前,以殖民主义为标志特征的传统全球化,基于传统的国际劳动分工,主要表现为工业化国家与非工业化国家之间的全球分工,即工业化国家主要从事工业制成品生产,而非工业化国家主要从事非工业产品和工业非制成品生产,并通过国家之间的贸易交换而实现其全球分工。同时,形成所谓的"核心与外围"的空间结构。其核心地区由先进的、工业化的、以白人种族为主的国家所构成,而外围地区则由落后的、非工业化的、以有色种族为主的国家所构成,在世界范围内勾画出一个巨大的全球功能区域,即北大西洋工业核心区,外围地区(世界其他地区)则向其提供矿产资源、工业原材料及其农产品。

在这种传统国际劳动分工格局中,国际贸易是国家之间进行的进口与出口活动的多样化的地理空间现象。作为在世界经济层面上的一个独立经济单位(或经济行动者),国家扮演着十分重要的角色。相比之下,城市在世界经济中的重要性并不显著,而且是一种以"中心地"等级体系为基本构架的世界城市体系。因此,传统全球化与全球城市这一新形态并不构成直接的历史逻辑关系,不能成为我们观察全球城市的历史背景。

资料来源:周振华,《崛起中的全球城市——理论框架及中国模式研究》,格致出版社、上海人民出版社 2017 年版。

1.5　具备什么条件才可能成为全球城市?

国际经验表明,在新的外部选择环境下,虽然大多数城市受其影响,自觉或不自觉地卷入与融入全球化与信息化进程之中,但并没有出现变异演化,只有部分主要城市往全球城市的方向发展。这就提出一个问题:要具备什么条件才有可能成为全球城市。为此,我们来分析这些使其成为全球城市的基本条件。

1. 取决于是否处在全球化中心或世界经济重心。[13]对于全球城市这一物类演化来讲,它是现代全球化与信息化交互作用的产物;但对于个体群或个体全球城市演化来讲,是否处于全球化中心或世界经济重心是一个决定性的影响因子。

全球化不是平的。全球化进程对所有相关城市的影响程度是非均衡的,有核心、半核心、外围、边缘等不同层圈。全球化的核心和半核心层圈，作为世界经济重心，是全球经济最发达，全球资本流动最密集，外国直接投资（FDI）最活跃，国际贸易增长最快，科技创新最前沿，人员、知识、信息等要素流动最频繁的地区和国家。在全球化的外围、边缘层圈，相对来说是经济发达程度较低，全球资本流动不怎么密集，外国直接投资并不活跃，国际贸易增长较慢，科技创新较弱，人员、知识、信息等要素流动不怎么频繁的地区和国家。显然，处于全球化核心、半核心地区和国家中的主要城市，更能吸引全球功能性机构的集聚，也有更多资本、人才、知识信息等要素流动，易于形成广泛的全球网络连接，成为连接世界经济的经济空间。而处于全球化外围、边缘地区和国家的城市，虽然也进入全球化进程，但更多是被连接到世界经济中去，其吸引全球功能性机构的集聚程度较弱，各种要素流动相对较少，对外的网络连接有限。正因为如此，全球城市作为现代全球化的产物，只是在全球化中心生成的。这些全球化中心地区将成为全球城市崛起相对密集的地方。我们可以看到一个有趣的全球城市地理分布，即在全球化中心或世界经济重心区域，会有一批全球城市涌现，而在其外围和边缘地带，几乎没有全球城市崛起。目前，全球城市主要集中在北美、西欧和亚太三大区域。

当然，从长期看，这些信息、资本和投资等要素的流动具有内在不稳定性，全球化中心或世界经济重心是动态变化的。世界经济重心的每一次转移,同时伴随新的生产结构和组织以及新的技术条件,特别是运输和通信方式进步等一些重大变化,势必导致信息、资本和投资等要素流动方向及其规模发生重大改变,形成新的流向或发生改道,以及增加新的流量,其有时经常是不规则的、突变性的变化。每当出现这一重大变化时,全球城市的地理分布就会因其新的流向与流量的出现而发生重大变化和调整。原有的全球城市会因要素流动的改道而轻易丧失其地位;同时新兴的全球城市也可能形成与出现,并处于持续的变迁之中。一些地区作为个体群的全球城市趋于衰弱,而另一些地区作为个体群的全球城市趋于兴盛。

2. 取决于城市所在的国家因素。任何一个城市总是位于一定国家和地区之中,即使像新加坡这样的城市国家也是如此。"在考察全球化过程对全球城市的影响中,我们不能忽略其国家背景、环境和文化。"[14]国家因素起着重要作用,是全球城市演化发展的协变量。

首先,城市所在国在世界体系中的地位和作用。有一种形象的说法,如果美国不是一个全球范围内占支配地位的参与者,纽约将不是(全球城市的)纽约。全球城市崛起和发展离不开其国家竞争力,其中的国家财富水平、市场规模、军费开支和一些软实力等指标被确定为对全球城市的相关解释变量。例如,国家的经济实力和规模,与全球城市形成过程的分布之间存在一个正相关关系[15];以 GDP 增长率来衡量的市场潜力,对全球城市崛起也有解释性的价值。一个城市对于全球网络连接的进化,是由其国家在全球经济中的地位所决定的。[16]这对其城市的"走出去"连接和"引进来"连接都有高度的积极意义和显著的影响,尤其对前者影响更大。[17]因此,只有当一个国家日益走进世界舞台中心,其城市才能建立起高度的全球网络连接,才有可能崛起为全球城市。

其次,在现代世界,国家定义了"经济管制的空间",决定了"经济开放"水平。如果一个国家有更大的经济开放度,具有商务友好的国内政策和贸易友好的对外政策,对其城市经济活动的对外扩展将是至关重要的,可吸引更多全球功能性机构(公司)和更加紧密地融入全球化进程。

再则,一个国家的宏观经济安排及国民经济类型,以及制度安排的国内空间布局,对其城市融入全球网络的形式和途径也有重大影响。[18]例如,中心化组织、空间布局不平衡的法国,以一个占主导地位的全球城市(即巴黎)为特征;而分散化组织、空间布局较平衡的德国,则有 5 个全球城市,总体上显示了一个更高的网络总连接。[19]

最后,国家的战略选择及倾斜性支持,对全球城市形成与发展有很大影响。即便在所谓的自由资本主义条件下,也常常有政府"看得见的手"在助推着全球城市发展。凯尔（R. Keil）和布伦纳（N. Brenner）指出，伦敦的全球城市形成是一个各种国家行政力量（保守派和自由派政府）的持续努力。20 世纪 80 年代早期自由化政策诱导了伦敦金融业的崛起（1986 年的金融大爆炸），以及通过新的公共部门（港区当局）、开发区和新的治理结构（大伦敦管理当局）支持外资对伦敦的房地产投资。[20]特别是在资源有限的条件下，国家选择某些城市作为全球城市来建设，并予以倾斜性的支持，对个体全球城市演化的影响更大。

3. 取决于城市扮演的特定角色。这在一定程度上是历史赋予的，与其地理区位、发展基础以及历史因素有关。地理区位具有城市类型的传代特征。一些城市因特定区位而成为整个地区的门户和通道，对全球功能性机构（公司）具有独特的吸引力，从而使其变成重要网络节点，具有较高的全球服务强度。历史传统是城市心智（知识）长期沉淀和持续传承下来的结果，并在新的条件下通过人们的行为方式而不断显化。一些具有开放、创新、融合等历史传统的城市，更适合建立外部连接和融入全球城市网络；而一些具有保守、平稳、相对封闭等历史传统的城市，则往往在行为方式上自觉或不自觉地对外部连接不主动、不积极甚至有排斥倾向。在发展基础条件中，城市基础设施是对外连接的重要载体，在全球功能性机构（公司）区位选择中扮演了一个重要角色，拥有发达基础设施的城市通常吸引更多（重要）的全球生产者服务公司。[21]特别是航空运输被认为是解释世界城市网络形成的关键变量。[22]航空网络及其相关基础设施是全球城市形成最明显的表现。[23]另外，信息基础设施的影响和作用日益凸显，对一个城市未来的经济增长以及在全球城市体系中的地位将起到决定性的作用。[24]另外，城市实力对于吸引公司的跨国控制与服务活动的集聚有重大影响。GDP总量及其增长率反映了一个城市的经济活动扩展程度，各种经济流量规模则是全球网络连接的直接指示器，人力资本成为全球化控制与服务活动集聚的基础条件之一，具有雄厚人力资本的城市对跨国公司及全球生产者服务公司更有吸引力。城市首位度对跨国公司和全球生产者服务公司的存在也有影响，能吸引更多全球生产者服务公司网络中办公室的数量。

4. 取决于城市自身的反应程度。在上述条件充分具备的情况下，一个城市能否抓住机遇，对此积极作出更快与更大的回应，以及所付出的艰辛努力程度，就成为了关键因素。只有及时抓住机遇，不断适应其环境变化，才有可能使城市结构和组织形式发生根本性重组，扩展对外网络连接性，不断促进网络节点的发展和多样化以及空间影响力的增长，从而崛起为全球城市。从这一意义上讲，全球城市不仅是现代全球化的产物，而且应当作为对此作出积极回应的产物。

总之,一些主要城市最终演化为全球城市,是"天时、地利、人和"的综合结果。缺少其中任何一个条件,都难以成为全球城市。

专栏 1.3 全球城市动力学架构

全球城市演化,首先要在本体论上假定城市是一个有机体。它是一个具有反射能力和内在能动性的选择单位,与此相对应着一个相对独立于实体的选择环境。这种选择单位与选择环境的交互作用,构成全球城市动态演化的基本构架。

由于城市的本体结构是由"城"(物)与"市"(人)组成,其作为一个具有能动性的选择单位,具有基于城市实物形态的信息携带者与基于城市认知主体心智的知识携带者的二重性。前者(如基础设施、建筑、文化物质遗产等)是后者从事各种活动的物质基础;后者(如城市理性、品格、实践知识等)才构成一种城市演化的潜能。这一选择环境也具有二重性:一是外生性环境,包括世界层面的全球化、城市化、信息化、经济周期、世界经济格局变革等,以及国家层面的地缘政治和经济权力、开放度、国民经济结构、国内空间布局、文化及语言等和地区层面的区域一体化程度等。二是内生性环境,由过去城市行为主体构建所导致的即期选择约束环境或现实基础，如城市规模、首位度、主要功能、城市生活质量等。

选择环境是全球城市演化客观存在的约束条件，城市本身作为选择单位则对选择环境作出积极反应和适应性选择。这种选择过程是一个多样化创新的择优过程，并与发展过程交互作用以持续完善，从而诞生全球城市的新构架、新功能和新秩序（见下图）。

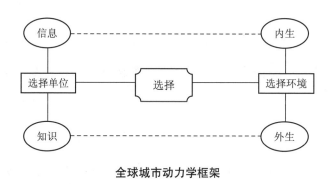

全球城市动力学框架

资料来源：根据相关文献整理编制。

1.6 全球城市依附于哪种城市体系？

全球城市并不是孤立存在的，总要依附于相应的城市体系。然而，全球城市作为一种城市演化的新物种与新形态，虽源自传统城市体系，但又不能依附于传统城市体系而生存，必须有与之相适应的新的城市体系。认识全球城市依附于什么样的城市体系，将有助于我们加深对全球城市属性特征的理解。

传统的城市体系，无论是国家层面还是世界层面，均为一种基于地点空间的"中心—外围"模型。在传统国家城市体系中，城市是中心，周边腹地是外围。在传统世界城市体系中，发达国家的城市是中心，发展中国家的城市是外围。依据"中心—外围"模型，城市之间形成一种等级体系。在这种传统城市体系中，只能培育出具有中心功能的"中心地"大城市或超大城市，而不是全球城市。换言之，全球城市不能依附于这一传统城市体系而生存，只有依附于新的世界城市体系而存在。也就是，全球城市的出现，必定伴随着传统城市体系向新的世界城市体系的转换。而促使传统城市体系转换的主要动力，与推动全球城市兴起与发展的动力是高度一致的，即全球化与信息化交互作用进程。

在全球化与信息化的交互作用下，发生了国家及其城市、企业竞争关系的许多新变化，从根本上改变了传统世界体系的"中心—外围"空间关系。基于全球产业链和价值链的全球化生产与消费，几乎影响到所有相关城市，使其成为众多全球产业链构成的一个个节点，而所有全球产业链都是通过这些相关城市进行运转的。[25]这说明了"全球经济过程是如何影响所有城市的"。[26]为此，不仅是主要的大城市，一些"中等城市"也与其毗邻的大城市一样,必然对全球化趋势作出反应,即在空间利用方面取得更大的选择性和适应性,通过资金流、劳动力流、商品流、服务流、信息流等,与外部众多城市形成稳固的联系和协作关系。因此,越来越多的城市主动或被动地融入全球化进程,城市主要活动的日益全球化成为一个趋势性变化。与此同时,信息化进程对所有城市也都有重大影响,正改变着城市空间逻辑,转向"流动空间"为基础的城市功能展现。在这种情况下,全球化空间从基于"中心—外围"的关系日益转向网络化联结方式。也就是,全球经济表现为一个城市和大都市地区的全球扩展网络,城市被广泛连接而成为一个庞大、复杂的世界网络。这导致传统世界城市体系发生重大变革,形成一种新的世界城市网络体系,并成为全球经济的操作"脚手架"。[27]

从动态角度看,随着全球化进程不断深化和在世界范围内的扩散,使越来越多的城市融入其中,促进了日益一体化的世界城市网络持续扩展。实证研究表明,2000—2008 年间,世界城市网络的连通性水平具有整体上升的明显特点。世界城市网络平均连通性从 2000 年的 0.20 上升到 2008 年的 0.22;城市连接度大于 20% 的主要城市数量,从 110 个上升到 125 个;在 307 个城市中,有 179 个城市比 2000 年更为连接到世界城市网络。这表明,从 2000 年到 2008 年,全球城市结构变得更加水平化。

在这一世界城市网络中,卷入其中的所有城市都直接参与全球经济，融入全球的概念框架之中；同时，又是作为连接全球—地方的重要桥梁或界面。卷入这一网络体系中的所有城市，都将成为全球体系中的一个完整部分，既是全球商品和服务的生产者和市场，同时也是人员、资金、技术和信息、知识流动的重要节点，并均是作为网络节点与外部发生全球联系，是作为该网络系统的组成部分而存在的。这一"节点"的概念，意味着有强大的非本地关系，城市之间建立顺畅的内部联系并持续地相互作用。尽管这些城市之间的联系程度有所不同（或强或弱），但都连接在世界城市网络之中。这一网络体系中的所有城市，都以"全球—地方"垂直联系为原则，它们相互之间则是水平（横向）联系，只是节点的规模、连通性程度及作用大小不同而已。

因此，作为世界城市网络中的节点城市，尽管在地点空间上彼此分离、相对独立，但在网络中彼此连接，存在着功能的潜在互补性，具有实现经济合作、达到范围经济的显著效果，与传统世界城市体系中的"中心地"城市有重大区别（见表1.1）。全球城市是世界城市网络的主要节点，从而是一个网络化的概念，与"中心—外围"模型是格格不入的，不可能依附于传统世界城市体系上。我们既不能把全球城市视为传统国家城市体系升级版，即上升到全球空间尺度的"中心地"城市（对应于"外围"），也不能把全球城市视为传统世界城市体系的"中心地"城市。

表 1.1　节点城市与"中心地"城市的特征比较

中心地系统	网络节点系统
中心功能	节点功能
依赖城市规模	不依赖城市规模
城市间主从关系趋势	城市间弹性与互补关系趋势
商品与服务的单一化	商品与服务的多样化
垂直通达性	水平通达性
单向流动	双向流动
交通成本依赖	信息成本依赖
对空间的完全竞争	对价格歧视的不完全竞争

资料来源：Batten, D.F., 1995, "Network Cities: Creative Urban Agglomerations for the 21st Century", *Urban Studies*, 32(2):320.

从这一意义上讲，全球化与信息化作为全球城市的内生动力，也是通过改造传统世界城市体系和形成新的世界城市网络体系来促进全球城市形成和发展的。因此，全球城市不能脱离世界城市网络体系而独立存在并发展；相反，其举足轻重的地位与作用恰好是在世界城市网络中体现出来的。全球城市通过使城市和系统相互依存、互为支持而行使控制力：如果没有被嵌入密集网络或社会与物质关系之中，城市影响力是不存在的。世界城市网络是全球城市形成和发展的基础，没有这一世界城市网络体系，也就没有所谓的全球城市。如果割裂了与世界城市网络体系的内在联系，就难以全面准确地界定全球城市。

专栏 1.4　三种社会组织形式

　　根据鲍威尔(W.Powell)社会组织的经典说法,市场、层次结构和网络是三种不同的基本社会组织形式。汤普森(G.F.Thompson)进一步指出,这三种社会组织形式有其各自的关键要素:相互关系是所有网络的核心;科层逻辑凝固层次结构;价格机制促使市场运作。因此,网络制造者是基于信任的相互作用,层次结构制定者是基于习惯与规则,市场制造者是基于得到法律支持的契约。这些行动产生独特的社会关系:网络是合作关系,而其他两种社会组织则是竞争关系,其中层次结构是不平等竞争关系,市场是平等竞争关系(见下表)。

三种社会组织形式

主要属性	市　场	层级结构	网　络
社会结构	分散型	锥体型	水平型
机构	独立性	依赖性	相互依存性
行为依据	合同/法律	习惯/规则	互惠与信任
社会关系	平等竞争	不平等竞争	合作
信息标号属性	价格机制	官僚机制	相互关系
其对立面	垄断	无政府状态	原子化
活动范围	经济	政治	社会

　　资料来源:Powell, W., 1990, "Neither Market nor Hierarchy: Network Forms of Organization", *Research in Organizational Behavior*, 12, 295—336. Thompson, G.F., 2003, *Between Hierarchies and Markets: The Logic and Limits of Network Forms of Organization*, Oxford: Oxford University Press.

1.7　全球城市是何种节点城市？

我们已经知道，在全球化进程中所有卷入这一网络体系的城市均是节点城市。显然，节点城市并非都是全球城市。这要取决于其在这一网络体系中的重要性及所处地位。为此，接下来我们就要分析处于何种地位的节点城市才成为全球城市。

从网络的角度看，城市作为一个节点的价值，在于它与其他节点之间的相关性。由此，一个节点的价值大小或在网络中的重要性，取决于它与其他节点之间的关联程度，以及所凸显的城市价值流的功能与价值取向。也就是，节点城市的价值大小，取决于"它们之间交流什么，而不是它们那里有什么"。它并不依靠自身所拥有的，而是依靠流经它的，来获得和积累财富、控制和权力的。因此，它所感兴趣的，不是其在内向而稳定系统中的固定位置，而是其中的流进与流出的途径，加速与减速的收缩和扩张。在世界城市网络中，对于每个节点最重要的测量就是其连通性。一是关联密度，即互相关联的层次越多、越密集，节点所能完成的吸收、传递和处理的功能就越强，该城市在网络中也就显得越为重要。二是关联广度，即与其他节点的联系越广泛，其相互作用越大，该节点在网络结构中就越处于中心位置。一个城市与外部的联系越广泛，连通性和协同性越强，其能级水平越高，在世界城市网络体系中的位置就越高；

反之亦然。

我们知道，全球化与信息化交互作用进程对所有相关城市的影响是非均衡的。处在全球化中心且受其影响较大的节点城市，通常与其他节点有更大范围的联结，有更高程度的全球网络连通性；反之亦然。因此，它们在网络中所发挥的作用及其地位是不一样的。只有部分城市，由于与其他城市有更广泛、更密集的相互作用且具有高度网络连通性，在全球资源配置中起着更重大的作用，并能影响和规定一般城市的节点作用，因而才可作为网络中的基本节点或主要节点，发挥全球网络连接的核心作用，从而被赋予一种新的战略角色，成为全球城市。其他许多城市，虽也融入了全球化进程，有一定数量的全球功能性机构集聚和全球化资源要素流动，但网络连通性相对较低，所发挥的网络连接作用有限，只是作为一般或普通节点。这些城市可称之为"全球化城市"，但不能贴上"全球城市"标签。

全球城市作为世界城市网络中的基本或主要节点，具有强大的外部网络关联功能，其全球功能性机构（公司）的集聚度更高，全球化的资源要素流动规模更大、更频繁。这不仅带来了生产组织的地理区位及市场网络的变化，还要求形成确保对这种新型生产和组织进行管理和控制以及提供相关服务的新的生产形式。因而，这些主要城市通常集中了全球商品链和价值链中的指挥、控制功能，以及由全球化先进生产者服务公司增添的全球协调功能。这些基于外部网络关联的功能发展,通常具有"马太效应",会带来更多全球功能性机构集聚及专业化功能发展,形成累积性的循环,并对这些结构—功能进行锁定,形成更强大的网络连通性。

全球城市作为世界城市网络中的基本或主要节点,处于网络连接的中心性位置。在世界城市网络中,其网络联结表明了位于一个城市的生产商有直接进入另一个城市的市场机会。因此,一个城市在网络中连接水平越高或越是处于中心性位置,对生产商寻求开拓全球市场越是处于一个有利区位。从这一意义上讲,全球城市的广泛网络连接及其处于中心性位置,意味着高度集中了进入世界市场的机会,即其他城市通过与其联结进入世界市场。尽管世界城市网络不存在等级权力,但这种高度集中的世界市场进入机会则赋予其强大的网络权力,这是因其他城市要借助它所提供的市场机会而产生的某种权力。

全球城市作为世界城市网络的主要节点,扮演着全球资源要素流动的通道或枢纽角色。我们知道,全球产业链的网络活动覆盖整个所在地的范围,处于地方、国家和全球的广泛空间尺度之中。然而,这种全球产业链中所发生的一系列服务需求,是通过在全球城市中的生产者服务提供被连接起来的。因此,全球城市是无数全球产业链的关键节点。尽管其他相关城市作为网络一般节点,在网络互补性的基础上,通过网络连接也有自身一系列的角色和功能[28],但最终都是被整合到全球城市提供的中介服务连接中。从这一角度讲,全球城市在促进全球资源要素流动与配置中发挥着重大作用。

当然,网络中的节点功能及其地位是动态变化的。随着全球化进程深化,某些一般节点可能跃升为主要节点,会有更多的全球城市涌现。随着全球化中心的变迁,一些主要节点可能蜕化为一般节点,即一些传统全球城市可能衰弱下去,而原先的一般节点可能上升为主要节点,即一些新兴城市可能崛起为全球城市。

1.8　全球城市高连通性通过何种媒介实现?

全球城市作为全球网络的主要节点,就在于具有网络的高连通性。那么,这种网络高连通性又是如何形成的?弄清这一问题,也许是我们揭开全球城市面纱的一个关键环节。

这里,首先涉及一个更一般性问题,即城市之间是靠什么建立起网络连接的。显然,各种资源要素在城市间的流动,使其形成了相互连接。谈到资源要素的流动,也许人们自然会想到支撑其流动的交通、通信等各类基础设施。确实,基础设施网络对支撑世界城

市网络来说,不仅是重要的,而且必需的。如果缺乏这些基础设施
网络,各种资源要素就难以广泛、快捷地流动。特别在信息化时代,
如果缺乏信息基础网络,天文数字般的信息将无从即时传递、有效
处理和利用。然而,真正促进各种资源要素在城市间流动的,是各
种各样的交易、交流及其组织机构等。这是一种社会网络、一种组
织形式。从完整意义上讲,世界城市网络是由物理性和非物理性关
系所构成的。由于世界城市网络的社会关系的经济性,尤其是城市
间的关系从地理空间意义上建构了世界经济,因此我们更为关注
和强调其是作为一种社会网络。

　　作为一种社会网络,其节点是行动单位,其连接则是社会性的。
一般社会网络通常是由网络运作的系统层面和组成节点的行动单
位层面构成,作为节点的行动单位活动则决定了连接本身。值得注
意的是,世界城市网络与一般社会网络不同,有其特殊性。如果按
一般社会网络的标准来看,世界城市网络运作的系统层应该是世
界经济,而节点层则是城市本身。但问题在于,城市本身只是一个
空间环境,而非行动单位。显然,缺乏行动单位及其一系列相关活
动,城市之间的连接是建立不起来的,从而城市作为网络节点的说
法也就不复存在。正因为如此,世界城市网络便成为一个特殊而且
很难定义的社会网络。既然作为一个网络,其节点的行动单位是不
可缺少的,因而世界城市网络能否成立的核心问题就是其行动单

位或关键性主体为何物。

也许有人会说，这一个行动单位是城市政府，通过其活动来实现城市间的网络连接。不可否认，通过城市政府之间的协议或合作等方式，确实可以在城市间建立起某些或部分的网络连接，例如建立友好城市的关系。但这种由城市政府活动所建立起来的城市间连接是极其有限的，不可能实现城市间的广泛网络连接。城市政府的主要职责及其活动是制定有关政策并加以实施等，这类活动至多是影响城市本身的环境，诸如完善城市形态功能、优化投资与营商环境、改善生态环境等，而不可能决定城市之间的本身连接。因此，城市政府并不能被合理解释为世界城市网络生产和再生产的关键主体。

同样，一般组织机构（公司）也不能成为这一个行动单位或关键性主体。因为它们从事的主要活动（或业务），其范围有限，特别是局限于本地区或国内，从而无法在全球范围内建立起城市间连接。即使这些组织机构从事某些跨出国门的活动（或业务），也大都是"点对点"的活动，并不具有组织机构自身覆盖全球性的内部网络，难以建立起城市间的广泛网络连接。

实践证明，能建立起城市之间连接的首要角色或主体，是跨国公司和大型全球服务公司。这些功能性机构（公司）从事的是全球业务活动，其跨国经营则是通过分布在世界各地的公司内部网络进行操作的,并导致和促进了各种资源要素的全球化流动,从而构建起城市之间的网络连接。因此,这类全球功能性机构(公司)才是促进世界城市间连接的行动单位或关键性主体。

但这样一来,就必须在一般社会网络的两层次结构基础上增加一个层次,即由跨国公司和大型全球服务公司等跨国机构组成的次节点层。世界城市网络的特殊性就在于建构了由三个层次组成的内部相连的联锁结构(见图1.1)。其中,系统层,即世界经济,世界城市网络在其中进行运作以承载全球资源要素流动;节点层,即城市,全球资源要素在其中集聚以便于进行配置;次节点层,即全球功能性机构(公司),其进行全球资源要素的配置。

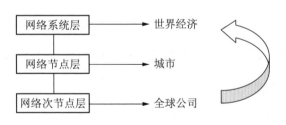

图1.1　世界城市网络结构

在这一环环相扣的联锁网络中,城市节点是通过次一级要素(全球功能性机构)联结的。因为这些全球功能性机构对全球客户的服务,是通过其在世界各地城市中的广泛办公室网络运作的。在此日常业务运作过程中,大量思想、知识、信息、计划、指令、人员等在城际流动,形成城市之间的连接。正是这些跨国机构的内部办公网络的混合性流动,联锁了世界城市间连接。因此,世界城市网络可以定义为:由世界经济中跨国机构的内部流(其在世界各地的分支机构之间的流动)所构成的城市关系相互连接的网络。

在了解了世界城市网络是一种联锁网络模型后,我们就可以清楚地看到,城市之间的网络连接是以全球功能性机构运作为媒介而建立起来的。这些全球功能性机构,包括跨国公司(全球公司)总部和地区总部、全球生产者服务大公司、金融和投资机构、全球研发中心,以及各类国际组织和非政府组织等。显然,全球城市之所以有高强度网络连通性,是以全球功能性机构高度集聚为前提条件的。全球功能性机构的高度集聚,是全球城市的一个共同特点。而且,越是有高能级全球功能性机构高度集聚的全球城市,越是处于网络节点的顶端位置。当然,更本质的问题是这些全球功能性机构所执行的功能及发挥的作用。正如萨森(S.Sassen)指出的,全球城市的基本特质并不是(全球)先进生产者服务(相当大)集群的存在,而是协调和专业服务于全球企业和市场的行动正在发生。[29]因此,准确的说法是,全球城市之所以有高强度网络连通性是这些全球功能性机构依托其内部网络进行全球资源流动与配置的结果。显然,这不仅仅是机构集聚问题,更需要有开展全球业务的相应运作平台、营商环境、人力资本、创新创业活力等条件的配合。

1.9 全球城市空间结构有何特殊？

城市作为有机体，有其自身的生存和活动空间，即城市空间。全球城市作为全球网络的主要节点，其城市空间与传统城市空间有何区别，是否表现为一种特殊的空间结构，是我们理解全球城市具有主要节点属性的一个重要方面。

长期以来，我们共同经验的城市空间是所谓的地点空间，即表现为有着相对固定边界的具体地域或场所等。在以往的城市发展中，均是围绕这种地点空间展现城市的组织形态及其规模与功能的。尽管城市都有不同程度的经济流动性，特别是对外的经济流动性，但均是在一个有着相对固定边界的具体地域或场所上展开的，因而更多赋予其生产或交易地点、场所的空间特性。这种基于地点空间的资源要素流动，不过是集聚与扩散范围大小的差异，通常在其腹地范围内。因此，传统城市空间结构的形式化描述，就是中心位置理论。按照这一理论，城市空间的被构造，其地域是有界限的，即"中心—外围（腹地）"。而在这些有界限的地方中，城市空间中存在着具有空间等级的垂直联系。

在全球化与信息化交互作用的背景下，城市化包含了一个城际交互过程，一个城际网络形成过程，城市在不同地区联结在一起：它定义了一个广泛的世界腹地（hinterworld），超越了当地的腹地。

这种动态化的城市网络,正在创建一个世界性经济发展的空间组织。这种空间组织可以通过密集网络的城市活动列表,很好地说明现代世界体系的经济扩张是通过它的存在而实现的。因而,这也赋予网络中城市的"流动空间"属性。

与"地点空间"不同,"流动空间"是通过流动而运作、共享时间的物质组织形态。卡斯特尔(M.Castells)将流动空间分为三个层次:第一层次是物质支持,由电子交换环路所构成,它是信息社会关键过程的战略性物质基础设施;第二层次是由节点和核心所构成,即电子网络背后的特定场所,每个节点都需要生产系统和生活配置以维持秩序;第三层次是占据支配地位的管理精英的空间组织,精英们通过行动(活动)将空间组织结合起来。流动空间的特征表现为:跨越了广大区域而建立起功能性的连接,却在物理性地域上具有明显的不连续性。也就是,在流动空间中,连接性(linkage)弱化了物理的邻近性。城市"流动空间"的经验证据表明,地理上的分散性反而带来了网络结构更高的效率。

与"地点空间"下的经济流动性不同,"流动空间"下的经济流动是围绕信息流动的核心而展开的,依赖于其创造、处理和交换信息的能力,特别是颇为专业化和特别享有的高端信息。这种流动不仅是通过信息和通信技术以及信息基础设施手段实现跨越地球空间的流动,而且始终依赖于相当程度的近距离"面对面"交流,是正式与非正式接触、面对面与虚拟接触相混合而发生的。因此,这种对外的经济流动性完全超越了当地的腹地,向世界腹地延伸。

正如我们看到的,信息化并没有导致分散化,削弱城市的作用,反而加剧了向城市,特别是大城市的集中。这些基于"流动空间"特性的城市,实际上是信息网络传输的节点。信息像磁石一样吸引经济要素向这些节点城市集聚,而通信技术则使节点城市对信息网络覆盖范围具有强控制力,加之信息技术发展与投资之间的互动效应,使节点城市具有非同寻常的意义,从而通常成为各类跨国公司总部及服务公司选址的热点。各类高水平管理、服务机构向这些信息节点汇聚,势必带动全球各种经济性流动。从这一意义上讲,城市作为节点的定义,在这里仅仅是主导全球流动的作用,其主要功能是处理日益网络化社会的多方面流动,由于通常超越传统城市边界,从而是一种"去领土化"的流动。

这种基于"流动"的城市空间结构,其形式化描述就是中心流动理论。按照这一理论,城市空间的被构造,其水平网络是无限的。在城市之间的网络连接中,由于社会权力现在主要驻留在流动之中,而不是物理性的地方,从而其空间权力更分散(见表 1.2)。

表1.2　中心位置理论与中心流动理论的特征比较

中心位置理论	中心流动理论
空间层次	空间网络
垂直联系(权力的内在不平等)	水平连接(权力更分散)
地域场所是有界限的	水平网络是无限的

资料来源:根据相关理论整理。

　　显然,全球城市作为全球网络的主要节点,其空间结构超越了单一的地点空间,而更多地被赋予流动空间的特征。正如卡斯特尔在《网络社会的崛起》中指出的,全球城市应该界定为"流动空间"日益网络化的过程,而不是传统意义上所指的某些特定的地方。全球城市的大规模网络化,促成了空前的城市"流动空间"的超级聚集,把相距遥远的地点联系起来,并将其纳入全球功能空间。[30]全球城市不仅处理最多数量的流动,而且也处理最多类型的流动。全球城市作为全球网络的主要节点,不仅仅是流动的结果,而且也是流动的主要来源,在它那里会产生与形成许多新的全球流动。因此,我们不能把全球城市视为一个国际经济的"中心地",也不应该过多将其设想为一种国际贸易场所、港口、金融中心或工业重镇等角色,而是作为基于流动空间特征的主要节点城市,通过多种连接与当前世界经济保持着密切的联系。

　　当然,这种城市空间逻辑的转换,并非完全否定地方或场所的存在,更不意味着"地理位置的终结"。全球城市的具体真实的地点或场所并未消失,否则,便成为虚幻的存在。流动空间不能脱离地点空间而单独存在。事实上,"流动空间"是建立在电子信息网络基础之上的,而这一电子信息网络则连接了特定的地点或场所。也就是,这种流动的虚拟世界需要接入于"特定地点",在那里发生必要的协调和控制功能、创新和发展过程。不仅如此,尽管横向的网络联系已成为全球化发展的关键,但中心位置过程仍然重要,甚至在更大空间尺度上也很重要。特别是高端中心的真实区位所在,对世界财富与权力的分配非常重要。但必须看到,这种中心的地点或场所已被吸纳进网络之中。从全球流动的角度看,更重要的是网络的变通能力。因此,基于城市网络体系的全球城市,有其独特的空间结构,即"地点"与"流动"的双重空间结构。

也许人们会问:这种空间的双重性是否二元对立？我们认为,这是一种过程的二元性,而过程可以交织在同一时间、在同一个地方。

首先,全球城市是全球化与本土化的统一。全球城市固然高度全球化,有更多的全球网络连接,但它在国内、地区的连接中也同样强劲。因为,在此高度集聚的各类全球功能性机构依据全球产业链而展开的业务活动,是覆盖地方、国家和全球等不同空间尺度的,从而全球城市内生地具有连接不同空间尺度网络的强大能力。从这一意义上讲，全球城市是多重空间尺度网络联结的综合体，具有经典的"地方—全球"联结的特征，可称之为全球本土化。

其次，全球城市是静态过程与动态过程的统一。全球城市通过巨大的高楼大厦及基础设施的物质性代表，形成了地标性的城市形态轮廓。但这些看似强大的静态结构中，却发挥着作为动态节点结构的功能，例如这些写字楼里的机构（公司）正与其他城市的相应机构（公司）进行着一系列电子信息等交换，包括对内的创意策划、管理指令、团队计划、财务信息、客户管理等，对外的业务洽谈、合约准备与签署、合同履行、款项交付等。因此，全球城市是静态地点与动态关系的混合体，具有"静中有动，动寓静中"的表现特征。

再则，全球城市发展是内向集群化与外向网络化两个轨迹的有机重叠。全球城市因大量全球功能性机构的内向集群，其外部网络化才得以扩展；反过来，其广泛的外部网络关系，也成为全球城市吸引全球功能性机构集聚的重要因素之一。两者之间，具有内在同一性。而且，内向集群化与外向网络化过程都具有各自的外部性。例如，集群化的供给方规模经济效应、知识溢出效应、产业配套效应等外部性，网络化的需求方规模经济效应、互补协同效应等外部性。这些外部性是相互补充的。很明显，全球城市之所以能处于全球经济增长的前沿，就是因为其集群外部性和网络外部性提供了关键性的市场优势。

因此,全球城市是一个"流动空间"融合"地点空间"的一体化结构。

1.10 全球城市"四梁八柱"是什么?

通过上述的分析,我们可以大致理解全球城市为什么具有全球资源配置的特定功能,以及这种特定功能是如何实现的。下面我们就可以围绕这一实现媒介进一步总结归纳出全球城市"四梁八柱"的特定构造。虽然全球城市因其历史背景、约束条件等差异而有不同的发展路径和模式,但其"四梁八柱"的特定构造则是同一的。

1. 全球功能性机构(公司)不成比例的高度集聚,特别是全球生产者服务公司的高度集聚。跨国公司总部大部分集中在全球城市,但也有一些散落在其他城市,尤其是其诞生地的城市,并有一些迁移到邻近的边缘城市。但全球生产者服务公司主要机构基本上都集中在全球城市,这不仅因为其主要客户(跨国公司)集中在全球城市,而且是不同行业的生产者服务公司之间相互提供服务的集群需要。这些全球功能性机构(公司)是全球城市特定构造中的关键性主体。因为它们是全球价值链的主导者与推动者,正是通过它们直接的或交叉的全球价值链治理体现了对全球价值链的管控功能。它们也是全球城市网络的制造者，正是通过其内部网络开展的全球业务活动才实现了城市间网络连接。它们更是促进全球资源配置的主要操作者，正是通过其相互依赖和交互作用的日常业务活动及其运作才控制、协调、引领全球资源流动及配置。因此，一个城市中这些机构（公司）集聚的规模（数量）越大，表明对全球价值链的管理与控制能力越强，全球网络连通性程度越高，全球资源配置功能越大。

2. 协同作用的网络化全球大平台。不管是由上游位置还是由下游位置的领头公司所构造和规定的不同类型价值链条，总是由核心种类生产要素来管控其他种类要素，在治理结构中处于主导地位。因此它们对全球价值链的管控与治理集中在基于核心要素的某些特定活动上。而且，它们对全球价值链的管控与治理还体现为具有强大的网络辐射功能，实现全球价值链之间的互补优化。这必须依托协同作用的网络化全球运作平台。一是海量、泛在、快捷、便利的信息与知识大平台，如互联网、大数据、云计算等。二是高效、透明、规范的产品与要素交易平台，如各种大型交易中心、金融市场、人才市场等。三是配套齐全的专业服务平台，如市场调研与广告策划、融资与账务管理、税务及人力资源管理、科技服务等。四是便捷、通达的产品与要素移动的物理平台，如基于交通运输、信息传输等基础设施的大枢纽、大门户和大通道等。这些大平台是全球城市的重要组成部分。正是通过这些大平台实现全球资源流动与配置，才使全球城市在世界事务中处于重要地位。

3. 高频率、密集化的流量规模。高度集聚的全球功能性机构（公司）对全球价值链的管控与治理也体现在价值链要素的专业化配置功能上，导致价值链中不同活动的区位多极化分布。这势必带来资金、商品、信息、服务、人才等资源要素通过全球城市在世界范围内大规模、高频率地流动。这种大规模流量并非旨在促进城市内部的财富积累和资本沉淀，而是服务于全球资源的配置。全球城市正是通过流经它的大规模流量来实现全球资源的有效配置，并从中获得控制和权力以及自身财富积累。因此，这种流量规模与其自身系统的积累需求是不成比例的。

4. 盛行"全球村"的标准交互作用模式。在全球城市从事全球业务活动，各类参与主体之间的交易与交换主要基于全球事务的信息，从而导致其所携带的知识体系日益全球化，更多运用全球语言。同时，必须遵循国际通用惯例，按照多边与双边投资贸易协定的标准处理各种事务，例如实行国民待遇、竞争中立、市场透明度、权益保护等规则。还有，比较普遍地采取共同参与、协商共治的方式，按照制度化的框架协调社会经济活动中的相互关系，充分发挥各类参与者的积极性和潜能。

5. 充满活力和创新的全球引领示范。全球城市通常提供了一个令人兴奋的环境、多方面的发展前景，为信息、知识和创造性贯穿于全球资源配置之中提供了巨大机会，从而带来旺盛的创业活力和更多工作机会以及富裕程度提高的可能性。更主要的，全球城市凭借广泛的网络联结，在与其他城市交流中不断输入新信息与能量，持续开发其创新力量，实现革命性的变革。而且，全球城市具有综合与系统集成的比较优势，更容易形成创新集群并迅速扩散，从而成为引领全球创新思想、创意行为、创业模式及新型主导产业的主要策源地。

上述"四梁八柱"作为全球城市的特定构造具有共性，支撑了全球城市发挥全球资源配置作用的特定功能。

1.11 全球城市动态演化到什么阶段？

全球城市虽然发展时间不长，但也处于动态演化之中。上海建设卓越的全球城市，显然所要对标的是全球城市最新发展成果。因此，我们要了解全球城市演化过程，分析其目前已发展到什么程度，达到了什么样的发展阶段。

全球城市从 20 世纪 70 年代开始兴起。当初主要是与世界经济联系在一起的,即全球城市作为跨国公司跨境经济活动的治理地点,对世界经济进行管理和控制,扮演了跨国公司控制和协调新国际体系的新战略角色。为此,弗里德曼将其定义为:通过跨国公司的权力和控制,成为经济全球化日益增长的经济地理复杂性需要的有限数量的相互关联的控制点,其具有全球经济的控制功能。[31]萨森则从先进生产者服务的战略功能角度,强调了其充当生产商进入全球经济的接入点,其具有全球经济的协调功能。[32]因此,这一时期(70—80年代)的全球城市是高度聚焦于战略性的经济功能,诸如跨国公司总部的指挥和控制功能、国际资本市场、全球商务服务及投资贸易、全球航运等。我们把这称为1.0版的全球城市。

20世纪90年代以后,伴随着一大批跨国公司管理者及专业人士的"跨国性质"工作,以及"跨国阶层"消费带来的全球都市化,全球城市中率先生成了新的文化结构和过程,不仅包含着文化的均质性、同步性和收敛性,也包含着文化的多元性、分化性和扩散性。另外,以现代信息技术和互联网为标志的新媒体发展,促进了全球文化交流以及流行文化迅速崛起,促进了全球文化的大众化和共享化,促进了文化创意产业发展和全球文化市场的深度拓展,促进了文化资源的全球性配置。在此过程中,全球化所带来的新的文化感受在这些全球城市中不断沉淀和累积,并物质化为相应的建筑风格、文化设施、文化团体、文化产业、文化市场等。因此，全球城市在继续巩固战略性经济功能的同时，也越来越成为全球文化传播、交往、融汇、创新的中心。

更为重要的，这些文化艺术与经济活动之间具有高度的"共生关系"。文化艺术可以通过吸引外来游客直接创造就业机会和促进经济发展；通过活跃的艺术环境促进地方品质来吸引知识工作者、公司以及对城市的投资；有助于提升城市品牌，增强其文化认同，确定其在全球城市体系中的身份和地位。同时，全球城市的经济活动也为文化艺术发展繁荣提供了强大支撑，高端服务业的高收入及高端人力资本不断生成对文化艺术的强大需求，先进服务部门的公司也可能倾向于作为文化艺术的赞助者来赞助文化艺术活动。

因此，这些全球城市开始在经济功能基础上大力发展和增强文化功能，将文化作为城市保持活力与魅力的核心内容，纷纷制定了城市文化发展战略。例如，伦敦立足建设"榜样式的、可持续发展的世界级城市"，将文化战略作为大伦敦发展的八大战略之一，着力打造卓越的创新文化国际中心；东京在《首都圈规划构想》中将"具有深厚魅力的文化城市"作为 21 世纪首都发展愿景的重要内容。其结果是，这些全球城市不仅在数量和质量上拥有一般城市难以企及的文化设施、文艺团体、文化创意产业，而且拥有庞大的文化市场、广泛与频繁的文化活动和多样化的受众。相当一部分的全球城市,既是世界上主要的金融中心,同时也是全球艺术中心。特别是伦敦、纽约和东京不仅是顶级全球金融中心,它们也是重要的全球艺术城市[33]。伦敦在金融上排名第一、在艺术上排名第三,纽约在金融上排名第二、在艺术上排名第一,东京分别为第六和第四。旧金山、蒙特利尔、巴黎、爱丁堡、苏黎世、日内瓦、法兰克福和慕尼黑等城市,也同样在这两个排名中同时靠前。在 20 世纪 90 年代至 21 世纪头十年,全球城市已升级为经济与文化融为一体发展。我们称之为 2.0 版的全球城市。

2008 年全球金融危机之后,一些全球城市,尤其是金融中心受到金融风险较大波动性的冲击,于是深刻反思这一影响并寻求城市稳定性、可持续发展。但更主要的,开始认识到新科技革命正给全球城市发展带来重大机遇。基于现代信息技术的新技术革命的兴起,经济全球化进程的不断深化,以及知识社会创建和知识经济发展,这三大历史过程的相互作用催生了基于知识的城市,形成了以新知识生成和分布为特征的经济生产和管理的新形式,从而深刻改变了全球城市的结构及其增长动力。人力资本、知识和创新能力的高度集聚日益成为全球城市功能结构的重要部分,科技创新日益成为全球城市增长的主要驱动力,生成和扩散新知识的能力以及科技创新能力日益成为全球城市提升全球竞争力的一个关键组成部分。

与此同时，学术全球化兴起及全球知识流动，全球科技创新网络的形成及扩展，正在生成科技创新的动态中心。全球城市凭借其固有的综合服务功能及全球网络连通性，更容易搭建全球创新资源流动与交互的空间载体与网络节点，成为全球创新资源配置中心。全球城市在全球化合作的创新网络中充当主要节点，扮演着双重角色：首先，作为新知识、创意思想、新技术等网络流动的枢纽，有效配置全球创新资源；其次，作为前沿科学发现和颠覆性科技创新的策源地，引领进入全球知识网络的科学知识与技术发展。

另外，基于IT的科技创新，如大数据、人工智能以及智能制造等，可以分散化地嵌入到全球城市的街区、商务楼、创意园区之中，与其城市形态特征高度吻合。而且，还能得到基础雄厚的高校、科研机构及专业人力资本的强大支撑，以及原已存在的金融、商务等综合配套的生产者服务的有力支持。

在此背景下，越来越多的全球城市开始在经济、文化功能的基础上纳入科技创新的功能。纽约、伦敦等全球城市不约而同地制定了科创中心建设的战略规划，要将其建设为全球创新网络的主要节点，发挥其与外界创新资源交流、交互及诱导有效配置的作用。纽约凭借其独特的金融及相关产业优势，为初创企业找到投资者和适合自身发展的业务模式提供便利，聚集全美乃至全世界最优秀的科技人才，大量涌现科技新公司和创业孵化器，形成"硅巷"模式的全球科技创新中心。同样,伦敦也通过大量跨国公司总部为其科技创新营造良好氛围,发挥国际大都市的人才集聚效应,凭借金融和科技专业服务优势配置全球创新资源,形成"硅环"模式的全球科技创新中心。因此,当今全球城市的最新发展,已进入经济、科技、文化融合发展的 3.0 版。

展望未来,全球城市还将继续发展演化,升级到新的版本。从今后新科技革命可能取得的重大突破,以及目前城市发展初露端倪的迹象来看,绿色智慧可能代表着全球城市发展的新趋势。

专栏 1.5　纽约等全球城市的文化发展

纽约有 1 600 多个展览会和平均每周 1 000 场戏剧、现场音乐、舞蹈、歌剧等演出,还有许多表演艺术节和国际艺术博览会。纽约在国际视觉艺术事件、国际表演艺术事件、当地视觉艺术事件和地方表演艺术事件等方面都有同样高的排名,这是其他城市所没有的,处于一个明显的领先地位。

伦敦在地方表演艺术活动方面排名第一,比其他任何城市举办更多的戏剧、舞蹈、现场音乐、歌剧、马戏等表演,平均每周超过 1 300 场。

东京在当地视觉艺术事件方面比其他城市更为领先。它是国家现代艺术博物馆和艺术博物馆的所在地,并有众多的日本小画廊。从经历地震和轰炸幸存的古老建筑到精品艺术房屋,其每一寸墙都是一处潜在展示空间。

巴黎是从卢浮宫到红磨坊的传奇场馆所在地,在表演艺术方面特别强,并在视觉艺术方面拥有像艺术巴黎(Art Paris)之类的迷人艺术场景。

资料来源:根据相关资料整理。

1.12 全球城市空间扩展过程是什么?

全球城市的动态发展,另一个重要方面是空间扩展过程。这种空间扩展过程是内生的,有其必然性。而且,正是这种空间扩展支撑和增强了其全球资源配置的特定功能。然而,这又不同于一般城市规模扩张,更不是作为"地点空间"的扩展过程。因此,我们要分析全球城市空间扩展的性质及其具体过程。

首先要明确,全球城市空间扩展主要是指其城际关系的扩展,因而不被自然边界所定义,与现有区域行政和政治单元边界不相一致。全球城市关系的两个关键特性是尺度改变和复杂性,其在全球城市空间扩展的功能构造中起关键作用。斯科特（A.J.Scott）认为，全球化正导致"尺度改变——国家层面的社会实践正在消散，向上是全球，向下是本地"[34]，而且当代城市的全球经济关系变得越来越由组织网络的连接性和流动来表示，变为全球功能交互联系的尺度。所谓复杂性，是指全球网络赋予的城市关系是多标量和流动的，它们是由市场和跨国、动态的组织运作所决定的。例如，生产者服务网络是一种灵活结构，在其中的人员和知识动态流动，它们在不同尺度上使用城市来参与市场竞争。因此，城际功能关系是由不同网络组织的交叉尺度构成的。显然，这种城际的跨境网络关系不能用基于"地方空间"的传统统计数据（如人口、就业、通勤等）来反映。例如，基于传统统计数据的地区分析，会把伦敦描述成单中心地区的首位城市，但如果从全球功能交互联系的角度看，伦敦杰出的全球连通性与周边地区服务网络的功能联系，正在形成一个覆盖英格兰南部的多核城市形态中的"功能多中心"。[35]

全球城市空间扩展的主要驱动力，与经济全球化有关。经济全球化赋予全球城市在发达的、知识密集型的商务和专业服务的相互连贯流动中的关键角色，使其成为全球网络中生产和贸易的主要节点。与此同时，全球化也将覆盖到其周边城市化区域，使其成为一个全球化的区域。这个区域中的其他城市也具有外向型经济，并有着或多或少的外部网络连接。在这种情况下，随着交通的改善及信息和通信技术的广泛应用，扩大的、全球化城市腹地得以形成，从而促使一些全球城市角色扩张到邻近城市化区域。正如海克（G.Hack）等所阐述的，这些空间单位围绕全球城市中心商务区将郊区及地区城市合并进来。[36] 这些地方的活动，可能包括更广泛的全球经济力量。从这一意义上讲，经济全球化赋予全球城市的这个角色，也同样赋予了扩大的城市地区。因此，全球城市的空间扩展过程，最终是形成全球化中的一个功能城市地区。这被称为全球化进程在地理景观上新尺度的结晶[37]，其构成"全球经济的空间节点"。

这种全球城市空间扩展，以及所形成的全球化中的功能城市地区，是一种"地区概念的重构"。它完全有别于传统大城市的物理性扩张，即"摊大饼"式的向外蔓延。同时，它也不同于传统的城市群和城市连绵区。其主要是基于高度的地区城市化，从而形成一定规模的城市集群，推动的活力在于地区的社会再生产及资源配置效率，优先考虑当地社会和经济的事项。尽管也有当地功能连接性和流动的明显标记，如地区的日常通勤上班、购物等，但并不体现地区全球化程度。因此，其关联仍然是由地点空间支配的。全球城市空间扩展，不仅基于地区高度城市化，更基于地区全球化的活力，优先考虑当地被链接到"全球环路"中[38]，因而不只是一个长期城市化过程的新规模，而是变得越来越全球构成和集成，逐渐由流动空间支配。由全球城市空间扩展所形成的全球化中的功能城市地区，是一种"多功能、多核"空间结构，其经济活力来自全球城市作为全球网络主要节点的角色，从而使其构成密集和强烈的生产商地区网络，具有日益强大的内生增长机制和全球市场延伸。

因此，地方网络连接的全球化、城市外部关系的全球化发展以及由此定义和构造的全球化中的功能城市地区，是决定全球城市空间扩展的关键。

国际经验表明，全球城市大致经历了三个连续的空间扩展过程。

第一个过程是所谓的"郊区都市化"。最初，全球城市的对外网络连接及其核心功能源于和集中在中心城区。中心城区集聚了大量跨国公司总部和全球生产者服务公司等全球功能性机构，具有便捷的国际可达性（包括物理的和虚拟的）和高标准的生活质量。这一中心城区，高度服从于全球市场供求变化的投入（劳动力和资本），主要从事于高附加值的创造，因而要把低附加值活动排斥在外。这导致了原先中心城区的部分经济活动的有限分散化，即往郊区转移。卡斯特尔 Castells（1989）称之为商业活动"市郊化"，佛罗里达（R.Florida）和乔纳斯（A.Jonas）称之为公司组织的分散化（即总部从中心城区搬迁到郊区）[39]，霍尔（P.Hall）和佩恩（K.Pain）称之为"边缘城市"地方的分散化[40]。这使郊区开始在经济中扮演一个积极角色[41]，并使城市郊区网络发生重大变化：在郊区涌现出一系列的新城，并与中心城区形成网络化联系，构成一个多中心模式的大型通勤—工作区域。这一空间扩展的结果，是形成了一个内部互联非常强且具有足够持续性的"多核"城市系统。由于其本身被视为一个系统，所以这是一个具有多个经济中心引力的巨大城市综合体。这一全球城市空间扩展过程，是由单中心城市系统转向多中心、多核城市系统的过程。

第二个空间扩展过程是所谓的全球城市区域。全球城市异常强劲的全球多部门网络连接，不仅产生了自身密集的跨国网络集聚，也生成了与邻近小型的多部门产业集群互补全球功能的交互联系，从而对这类集群向周边地区扩大有重要影响。[42]与此同时，全球城市的周边地区，其基础设施、创造力以及劳动力市场密度等条件也较好，不仅已有一些企业、教育单位和其他机构在空间上集中，还嵌入到密集的交易和非交易相互依赖的网络中[43]，从而对全球性公司在集群的全球区位选择中有一定吸引力，尤其是行业专业化程度较高的企业偏好选择这样的区位。因此，全球城市周边区域主要提供专业化的全球功能，并与全球范围内的其他地方保持复杂的关系。

在这一空间扩展过程中，全球城市不仅强化了全球范围内的外部网络化，作为全球功能运作的重要节点，而且形成了区域范围内的内部网络化，作为全球功能扩张的配套。这样，全球城市的功能性经济超越传统行政边界，获取了物理上分离但功能网络化的周边腹地，进入到一个功能多中心的大城市区域，即全球城市区域。它通常是由一组（数量不等）城市和城镇围绕全球城市而形成物理上独立但功能网络化的城市集群。斯科特等人首次列出了世界上30个全球城市区域。[44]值得指出的是，这种全球城市区域并非地理邻近或1小时通勤圈的概念，而是由其外部和内部功能联系所确定的[45]，是功能主导型的区域。例如，英国的利物浦和曼彻斯特两个城市相隔不到50公里，但它们没有功能群聚效应来形成城市区域。而一些城市即使与全球城市地理不邻近或不在1小时通勤圈内，但有较强的地区与全球功能联系，成为新的功能分工的一个组成部分，也将列入全球城市区域内。因此，全球城市区域并不构成一个完整的通勤—工作区域，只是其中可能有一部分是通勤—工作区域。同样，基于功能主导，这个区域内也并非是全球城市的单中心，而通常是功能多中心结构。

　　全球城市区域的形成，是全球城市主导的全球性功能在与当地空间衔接过程中发生技术、经济和监管等一系列变化的结果。全球城市区域由于监管改革和快速下降的运输和通信成本，大大扩展了生产和消费的空间领域，已经成为跨境资本、商品和服务、信息和人的流动的产生、传递和接收的关键，成为促进创新的动态安排，从而赋予其在基于全球流动和知识驱动经济中的巨大优势。因此，这些全球城市区域正成为日益复杂化和广泛化的全球社会、经济和信息交换网络的核心组件（元素）。

第三个空间扩展过程是巨型城市区域。全球城市空间扩展至巨型城市区域的一个重要条件是，这些区域高度城市化，并形成基于全球化的城市化。随着全球化网络连接的增强，全球功能性机构（公司）的知识密集型活动不仅集中在全球城市，而且遍布其他主要城市，从而使其（尽管不是全球城市）也成为连接地方进入全球流动的地点。[46]这促进了区域中城市系统功能相互关联的发展，其有效运行需要区域一体化。

巨型城市区域作为围绕全球城市的网络化区域发展，表现为由一组基于复杂分工的物理上分离但功能上相互关联的城市及其周边郊区构成的内陆地区。它通常是由两个或两个以上的城市群结合成一个更大的、单一的城市群。因而，其基本特征之一是存在若干核心城市。例如，在世界上最大的 40 个巨型城市区域中，有 24 个是通过两大城市联合命名来标志一个区域的。这种巨型城市区域，与传统的大城市群、城市连绵带、大都市区不同，其不在于邻近距离和当地联系，关键在于城市间全球生产（价值）网络的高度功能连接与集成，形成区位功能的专业化分工。例如，美国东北部大西洋沿岸巨型城市区域，之所以被视为美国经济的中心，对世界经济产生巨大影响力,不在于纽约的百年积淀,也不在于华盛顿是世界政治中心,而是归功于城市区域内完善的产业分工格局,被形容为"九大行星围绕一个太阳"。例如波士顿,为了维护纽约的金融中心地位,自动寻求产业转变。如今,曾经极为兴盛的金融业只占到波士顿经济结构的 8％,而高科技研发、教育、商业、贸易等产业则占据了半壁江山。费城的国防、航空、电子产业,巴尔的摩的冶炼工业和航运业,都举世闻名。

　　正因为如此,巨型城市区域呈现出强大的生命力和活力,正在快速"成为全球和地区经济的新引擎"[47]。目前,世界上最大的 40 个巨型城市区域只覆盖了地球表面居住区的一小部分,人口不到世界人口的 18％,然而,其承担了 66％的全球经济活动、约 85％的技术和科学创新。[48]同时,随着全球竞争领域和范围扩大,呈现全方位竞争和综合实力竞争(经济、科技、文化、生态融合发展,经济中不仅包括金融、贸易,也包括研发与制造),以及网络化竞争的新态势(取决于连接节点的数量及质量),以全球城市为核心,内部高度功能连接与集成的巨型城市区域正成为全球化条件下更具竞争力的更大单元,成为人类发展的关键性空间组织,在一国的政治经济生活中发挥着日益巨大的作用。为此,这已引起各国的高度重视。例如,欧盟专门立项研究 9 个欧洲巨型城市区域。又如,美国启动的"美国 2050"规划研究中,为了美国在 21 世纪上半叶的平衡、可持续增长，确定了 11 个新兴巨型城市区域的发展。[49]

总之，全球城市空间扩展过程使其寓于地区发展之中，并在其中发挥引领和核心作用，在更大空间范围和平台上实现全球资源配置功能。

1.13　如何衡量与测度全球城市？

全球城市作为一种城市新物种与新形态，不仅要给予内涵的定义，而且也要量化的可衡量与可测度。然而，这种衡量与测度是很困难的。首先是缺乏完整系统的城市统计数据，不少国外城市是不作统计的。更主要的，全球城市作为全球网络的主要节点，本质上是一种网络关系，而这种"关系"很难量化，"关系"数据更为缺乏。为此，在无法用直接的指标和数据来反映全球城市的全球资源配置功能的情况下，一些全球城市研究学者经过艰辛探索，转而用间接的指标和数据来衡量和测试全球城市。

目前，一种比较通用和公认的衡量方法是 GaWC 的全球网络连通性指数。这种方法把先进生产者服务（APS）公司作为全球城市连锁网络中的关键经济主体，关注其在不同尺度下连接城市经济的作用。这些先进生产者服务公司（金融服务、广告服务、法律服务和商务服务等行业)在世界各地许多城市设有办事处为客户提供优质全球服务。当两个城市拥有相同先进生产者服务公司的办事处时，它们可能是相互联系的。因此先进生产者服务公司的分支网络创建了(潜在的)A 地生产商与 B 地和 C 地市场之间的经济联系，或更抽象地表述为城市 A 与城市 B、C 之间的经济联系。另外，考虑到这些办事处的规模有大小，因而设定不同的等级(1—5级)。然后，选取进入全球 500 强的先进生产者服务公司，统计分析其分支网络遍布于哪些城市之中(网络连接分值的城市间分配)，以及某一城市中全部先进生产者服务公司网络联系分值(按不同等级计算)，借助"city-by-firm"数据集来估计单个城市是如何通过公司网络被连接的。一个城市获得的分值代表了其全球网络连通性的程度，即高分值代表了高连通性，反之亦然。显然，由于先进生产者服务公司办事处在世界各地广泛分布，或多或少具有这种全球网络连通性的城市不在少数。为此，根据网络连通性的分值高低，进行了 Alpha、Beta、Gamma、Sufficiency(＋/－)划分，以表明城市在全球化经济中的位置及融入度。严格意义上讲，这种全球网络连通性指数只是表明世界城市体系排名，其中包括了全球城市和非全球城市。然而，全球城市作为全球网络的主要节点，必定具有高网络连通性，因而排在 Alpha＋＋、Alpha＋和 Alpha 位置上的一些城市，在某种程度上被视为全球城市(见表1.3)。

表 1.3　2018 年世界城市体系排名（Alpha 等级）

	城　　　　　市
Alpha＋＋	伦敦、纽约
Alpha＋	香港、北京、新加坡、上海、悉尼、巴黎、迪拜、东京
Alpha	米兰、芝加哥、莫斯科、多伦多、圣保罗、法兰克福、洛杉矶、马德里、墨西哥城、吉隆坡、首尔、雅加达、孟买、迈阿密、布鲁塞尔、台北、广州、布宜诺斯艾利斯、苏黎世、华沙、伊斯坦布尔、曼谷、墨尔本
Alpha－	阿姆斯特丹、斯德哥尔摩、旧金山、新德里、圣地亚哥、约翰内斯堡、都柏林、维也纳、蒙特利尔、里斯本、巴塞罗那、卢森堡市、圣菲波哥大、马尼拉、华盛顿、布拉格、慕尼黑、罗马、利雅得、布达佩斯、休斯顿、深圳

资料来源：GaWC（2018）。

GaWC 测量世界城市网络的方法，由于只把先进生产者服务公司作为全球城市网络中的关键经济主体，所以只是测量了全球城市发展中的一个过程：全球资源配置的服务。而且，其连接分值是基于生产者服务公司办公室的规模，其不能直接反映服务于全球资源配置的重要性和权力关系。作为补充与完善，可以引入制造业跨国公司、全球研发机构等关键经济主体。用制造业跨国公司治理的所有权链接来定义城市网络，因为公司总部与其子公司的所有权联系，代表了总部所在城市与子公司所在城市之间的直接互动。通过编制基于制造业跨国公司、全球研发机构地理分布的

"city-by-firm"矩阵,得出城市网络连接的分值。这样,可能更全面反映城市的全球网络连通性程度。

另外,这种全球网络连通性指数只是一个总量概念,反映网络的点度中心度,难以说明其结构。事实上,网络连通性结构更能反映全球城市的全球资源配置功能。在网络连接中,通常分为"入度"连接(由引入或外来的全球功能性机构带来的网络连接)与"出度"连接(由本地外出的全球功能性机构带来的网络连接)。前者连通性强,说明该城市具有较大吸引力;后者连通性强,说明该城市具有较大影响力和控制力。从全球资源配置角度讲,后者比前者发挥更大作用。而且,像纽约、伦敦等城市,既有高"入度"连接,同时又有高"出度"连接;上海、北京等城市虽然全球网络连通性水平也进入世界前十位行列,但却是高"入度"连接与低"出度"连接的不平衡结构,显然在全球资源配置的能级上与纽约、伦敦等不能等同。因此,在全球网络连通性上要增加"入度"与"出度"结构性测量,以及辅助性的接近中心度、中介中心度、特征向量中心度等测量[50],才能更全面反映全球城市的全球资源配置状况。

然而,不管全球网络连通性指数如何补充与完善,只是一种衡量与测度全球城市的投影法,只能间接反映全球城市的全球资源配置功能及其程度。一种更直接的方法,是通过相应的要素流量来测度其全球资源配置功能及其程度。全球资源配置是在流动中实现的。一个城市的要素流量规模越大，反映其配置资源的活动越多、配置资源的能力越强。过去，有过一些流量测度的研究，但大部分集中在较狭窄范围。例如，帕尼特(C.Parnreiter)通过主要海运航线和港口的流量来研究城市门户作用[51]，祖克(M.Zook)和布伦(S.Brunn)、泰勒(P.J.Taylor)等、奥康纳(K.O'Connor)和福尔哈特(K.Fuellhart)研究全球航空网络的流量等[52]。崔(J.H.Choi)等利用两个年度的互联网地理报告编制了一个82个国际城市的网络，这个网络可以捕获一对城市之间信息的流动，测量带宽的每秒兆位(Mbps)。[53]然而，反映全球城市全球资源配置功能的要素流量测度，必须是综合性的，涉及人流、物流、商流、金融流、信息流、科技流等。目前，由于这种基于城市要素流量数据的"欠缺"，这种综合性要素流量指数的测度极少，也相对欠成熟。如果有要素流量指数的测度，与全球网络连通性指数交互验证与相互补充，可能会更准确地衡量与测度全球城市。

上述两种互为补充的测度方法，只是用来测量即时全球城市的静态，至多反映一个时间序列中的动态变化。为了反映全球城市的动态演化，预测全球城市发展态势，似乎要增加一个发展环境(成长性)指数。在这一指标体系中，除了城市自身的基础设施、人力资本等发展基础，营商、宜居等发展环境，以及发展水平及潜力外，也应该包括对全球城市发展起重要支撑的国家的综合实力及在世界中的地位、区域一体化水平等潜在发展外部环境。这一成长性指数反映全球城市的发展潜力，可用来更全面地衡量与测度全球城市。

【注释】

[1] Glaeser，E.，2011，*Triumph of the City：How Our Greatest Invention Makes Us Richer*，*Smarter*，*Greener*，*Healthier and Happier*，London：Macmillan/New York：Penguin Press.

[2] Taylor，P.J.，2013，*Extraordinary Cities：Moral Syndromes*，*World-Systems and City/State Relations*，*Cheltenham*，UK：Edward Elgar.

[3] Pereira，R.A.O. and Derudder，B.，2010，"Determinants of Dynamics in the World City Network，2000—2004"，*Urban Studies*，47(9).

[4] Sassen，S.，1997，*Losing Control? Sovereignty in an Age of Globalization*，Chichester：Wiley.

[5] Kresl，P. K.，1995，"The determinants of urban competitiveness：a survey"，in P. K. Kresl and G. Gaert（eds），*North American Cities and the Global Economy*，London：Sage，46.

[6] 郝寿义：《增强城市国际竞争力与城市治理》，《开放导报》2002 年第 9 期。

[7] Knox，P.L.，2002，"World Cities and the Organization of Global Space"，in Johnston，R.J.，Taylor，P.J. and Watts，M.J.（eds），

2002, *Geographies of Global Change*, 2nd edition, Oxford: Black-well, 328—338.

[8] Castells, M., 2009, *Communication Power*, Oxford: Oxford University Press.

[9] Gorman, S.P., 2002, "Where are the Web Factories: the Urban Bias of E-business Location", *Tijdschrift Voor Economische en Sociale Geografie*, 93:522—536.

[10] Malecki, E.J., 2002, "The Economic Geography of the Internet's Infrastructure", *Economic Geography*, 78(4):399—424.

[11] Moss, M.L., 1987, "Telecommunication, World Cities and Urban Policy", *Urban Studies*, 24(6), 534—546.

[12] Hall, P.G., 1996, *The World Cities*, Weidenfeld and Nicolson, London.

[13] 在现代世界,世界经济重心几乎是全球化中心的同义词。处于世界经济重心的地区,不仅在世界 GDP 中占较大比重,而且在国际投资和国际贸易方面也占较大比重,从而也成为全球化的中心。

[14] Dieleman, F. and Hamnett, C., 1994, "Globalisation, Regulation and the Urban System", *Urban Studies*, 31, 357—364.

[15] Taylor, P.J., 2000, "World Cities and Territorial States under Conditions of Contemporary Globalization", *Political Geography*, 19, 5—32.

[16] Alderson, A. and Beckfield, J., 2007, "Globalization and the World City System: Preliminary Results from a Longitudinal Dataset", in Taylor, P.J., Derudder, B., Saey, P. and Witlox, F. (Eds.), *Cities in Globalization: Practices, Polices and Theories*, pp.21—

36. London: Routledge.

[17] Wall, R. S., Burger, M. J. and Knaap, G. A., 2008, "National Competitiveness as a Determinant of the Geography of Global Corporate Networks", http://www.lboro.ac.uk/gawc/rb/rb285.html.

[18] Ma, X., and Timberlake, M., 2012, "World City Typologies and National City System Deterritorialisation: USA, China and Japan", *Urban Studies*, 1—21.

[19] Taylor, P.J., Derudder, B., Hoyler, M., Pain, K. and Witlox, F., 2011, "European Cities in Globalization", in Taylor, P.J., Ni, P., Derudder, B., Hoyler, M., Huang, J. and Witlox, F. (Eds.), *Global Urban Analysis, A Survey of Cities in Globalization*, 114—136, London, Washington: earthscan.

[20] Keil, R., and Brenner, N., 2003, "Globalisierung, Stadt und Politik", in Scharenberg, A. and Schmitke, O.(Eds.), *Das Ende der Politik? Globalisierung und der Strukturwandel des Politischen*, 254—276, Münster: Westfälisches Dampfboot.

[21] Warf, B., 1989, "Telecommunications and the Globalization of Financial Services", *Professional Geographer*, 41(3), 257—271.

[22] Keeling, D.J., 1995, "Transport and the World City Paradigm", in Knox, P.L. and Taylor, P.J.(ed.), *World Cities in a World-System*, 115—131, Cambridge: Cambridge University Press.

[23] Smith, D.A., and Timberlake, M.F., 2001, "World City Networks and Hierarchies, 1977—1997: An Empirical Analysis of Global Air Travel Links", *American Behavioral Scientist*, 44, 1656—1678.

[24] Moss, M.L., 1987, "Telecommunications, World Cities and Urban

Policy", *Urban Studies*, 24(6), 534—546.

[25] Brown, E., Derudder, B., Pelupessy, W., Taylor, P., Witlox, F., 2010, "World City Networks and Global Commodity Chains: Towards a World-systems' Integration", *Global Networks*, 1, 12—34. Parnreiter, C., 2010, "Global Cities in Global Commodity Chains: Exploring the Role of Mexico City in the Geography of Global Economic Governance", *Global Networks*, 1, 35—53.

[26] Robinson, J., 2006, *Ordinary Cities: Between Modernity and Development*, London: Routledge.

[27] Sassen, S., 2001, *The Global City*, 2nd edition, Princeton.

[28] Taylor, P.J. and Pain, K., 2007, "Polycentric Mega-city Regions: Exploratory Research from Western Europe", in Todorovich, P. (ed.), *The Healdsburg Research Seminar on Megaregions*, Lincoln Institute of Land Policy and Regional Plan Association, New York.

[29] Sassen, S., 2001, *The Global City*, 2nd edition, Princeton.

[30] Castells, M., 1996, *The Rise of the Network Society*, Blackwell, Oxford.

[31] Friedmann, J., 1986, "The World City Hypothesis", *Development and Change*, 17, 69—83.

[32] Sassen, S., 1991, *The Global City: New York, London, Tokyo*, Princeton: Princeton University Press.

[33] Currid, E., 2006, "New York as a Global Creative Hub: A Competitive Analysis of Four Theories on World Cities", *Economic Development Quarterly*, 20(4), 330—350.

[34] Scott，A.J.，2001，"Globalization and the Rise of City-regions"，*European Planning Studies*，9(7)，813—826.

[35] Pain，K. and Hall，P.，2006，"Flows and Relationships: Internal and External Linkages"，in *The Polycentric Metropolis: Learning from Mega-city Regions in Europe*，Earthscan，London，104—112.

[36] Hack，G.，2000，"Infrastructure and Regional Form"，in Simmonds，R.，and Hack，G (eds)，*Global City Regions. Their Emerging Forms*，London，Spon Press，183—192.

[37] Scott，A.J.(ed)，2001，*Global City-Regions: Trends，Theory，Policy*，Oxford: Oxford University Press，11—30.

[38] Sassen，S.，2002，"Locating Cities on Global Circuits"，*Environment and Urbanization*，14(1)，13—30.

[39] Florida，R. and Jonas，A.，1991，"U.S. Urban Policy: The Postwar State and Capitalist Regulation"，*Antipode*，23(4)，349—384.

[40] Hall，P. and Pain，K.(eds.)，2006，*The Polycentric Metropolis: Learning from Mega-city Regions in Europe*，London: Earthscan.

[41] Garreau，J.，1991，*Edge City*，Doubleday，New York. Brenner，N.，2002，"Decoding the Newest 'Metropolitan Regionalism' in the USA: A Critical Overview"，*Cities*，19(1)，3—21. Ross，B.H.，Levine，M.A.，2012，*Urban Politics: Cities and Suburbs in a Global Age*，M.E. Sharp，New York.

[42] Pain，K.，2006，"Policy Challenges of Functional Polycentricity in a Global Mega-City Region: South East England"，*Built Environment*，32(2)，194—205.

[43]   Boschma，R.A.，2005，"Proximity and Innovation：A Critical Assessment"，*Regional Studies*，Vol.39，61—74.

[44]   Scott，A.，Soja，E.，Agnew，J.，2001，*Global City-regions*：*Trends，Theory，Policy*，Oxford University Press，Oxford.

[45]   Hall，P.，2001，"Global City-regions in the Twenty-first Century"，in Scott，A. J. (ed.)，*Global City-regions*：*Trends，Theory，Policy*，Oxford：Oxford University Press，59—77.

[46]   Halbert，L. and Pain，K.，2009，"PAR-LON-Doing Business in Knowledge-Based Services in Paris and London：A Tale of One City?"，http://www.lboro.ac.uk/gawc/rb/rb307.html.

[47]   UN-Habitat，2010，"Urban Trends：Urban Corridors—Shape of Things to Come?"，*UN-Habitat Press Release*，13 March，Nairobi：UN-Habitat.

[48]   Florida，R.，Gulden，T. and Mellander，C.，2008，"The Rise of the Mega-region"，*Cambridge Journal of Regions，Economy and Society*，1(3)，459—476.

[49]   http://www.america2050.org/images/2050_Map_Megaregions_Influence_150.png.

[50]   接近中心度通过计算一个城市由媒介性先进生产者服务公司提供间接进入市场的数量（其在世界城市网络中的间接连接数量），识别了城市提供给生产商"间接进入"全球市场的程度，表明该城市提供其生产商间接参与全球经济的能力。中介中心度通过计算一个城市在城际连接中作为中介连接的数量，识别了城市充当城际交易经纪人为生产商提供"经纪进入"全球市场的程度，表明该城市作为一个网络中所有其他城市连接的交叉节点位置。特征向量中心度表

明该城市与外部联系紧密的那些城市是否也具有很高的连通性
水平。

[51] Parnreiter, C., 2002, "Mexico: The Making of a Global City", in
Sassen, S. (ed.), *Global Networks, Linked Cities*, London, New
York, 215—238.

[52] Zook, M. and Brunn, S., 2006, "From Podes to Antipodes: Posi-
tionalities and Global Air Line Geographies", *Annals of the Asso-
ciation of American Geographers*, 96(3), 471—490. O'Connor,
K. and Fuellhart, K., 2012, "Cities and Air Services: The
Influence of the Airline Industry", *Journal of Transport Geogra-
phy*, 22, 46—52. Taylor, P. J., Derudder, B. and Witlox, F.,
2007, "Comparing Airline Passenger Destinations with Global
Service Connectivities: A Worldwide Empirical Study of 214 Cit-
ies", *Urban Geography*, 28(3), 232—248.

[53] Choi, J. H., Barnett, G. A. and Chon, B., 2006, "Comparing
World City Networks: A Network Analysis of Internet Backbone
and Air Transport Intercity Linkages", *Global Networks*, 6,
81—99.

2

上海迈向全球城市基本逻辑何在？

　　上海迈向卓越的全球城市，作为一种战略目标取向，必是人为之作。但从某种意义上讲，这并非人们主观愿望所使然。也就是，这并非我们美好希望的强烈意愿，甚至付出艰辛努力的结果。上海迈向卓越的全球城市，很大程度上取决于是否存在这一发展逻辑，即上海为什么一定要且能够迈向卓越的全球城市。如果不存在这一发展逻辑，那么再美好的愿望也是空想，再艰辛的努力也将徒劳。这一发展逻辑存在于面向未来的战略环境、战略资源、战略驱动力等主要变量的交互作用中。尽管世界处于急速变化之中，这些变量具有高度不确定性，但我们可以基于发展趋势的科学判断，抓住不确定中的相对确定性,寻找出上海迈向全球城市的基本逻辑。

2.1　全球城市的战略驱动力是否趋于衰减?

上海迈向卓越的全球城市,首先基于全球城市发展趋势的基本判断。如果全球城市发展趋于停滞或没落的话,那么上海瞄准全球城市的目标或迈向全球城市就没有任何意义了。我们在前面已经指出,全球城市是现代全球化的特定产物,全球化进程主导着全球城市演化。因此,判断全球城市发展趋势,关键抓住全球化这一战略驱动力是否衰减。

与 2008 年全球金融危机之前的全球化迅速推进和深化形成明显反差,目前全球化进程似乎严重受挫,贸易保护主义重新盛行,贸易摩擦增大,特别是中美贸易摩擦日益加剧,世界贸易、投资增速明显下降,从而使"去全球化"或"逆全球化"日益成为一种影响越来越大的思潮及策略行动。也许,这种状况还会持续下去,并有可能越演越烈。但我们今天所看到的并非全球化过程的最终结果;相反,是一个正在发生的持续过程,只能作为一个横断面进行分析。因此,我们要从持续动态进程来研判全球化基本态势。

不可否认,2008 年全球金融危机对全球化进程形成强大冲击,导致全球化处于停滞不前的状态。但从某种程度上讲，这只是对过去全球经济"恐怖平衡"遭受冲击的一种本能避险反应和暂时回调现象。在这之前的 20 多年全球化进程中，新的国际分工导致技术资金主导国家、生产主导国家与资源主导国家之间的全球资源配置格局，并形成了技术、资金主导国家过度依赖高消费、高入超、高债务，而生产主导国家与资源主导国家过度依赖低成本、高出超、高债权的世界经济"恐怖平衡"。2008 年全球金融危机标志着这一"恐怖平衡"的破裂，对各国经济形成强大外部冲击。在各国政府应对这种外部冲击采取的一系列重大措施中，不乏大量的应急"救市"政策、贸易保护政策、量化宽松政策等，导致贸易保护主义重新抬头、"货币战"时隐时现等。但更主要的政策基调是各国纷纷实施"再平衡"措施，如美国的"再工业化战略"和"制造回归"，德国的工业 4.0，以及中国的供给侧结构性改革等。这应该被看作旨在使世界市场产能过剩"出清"，建立全球化"再平衡"的一种回应。包括目前的中美贸易摩擦，其中一个重要因素就是"再平衡"，其次是新旧大国之间的博弈。这种情况在历史上也曾发生过，但并未影响全球化持续进程。

另外，全球金融危机曾造成 2009 年世界贸易大崩溃，随后两年虽然贸易增速有所回升，但一直在 3% 水平上徘徊，不及前 30 年增长率的一半，勉强跟上世界 GDP 增长，且贸易增长放缓的范围广泛。这种状况甚至可能在今后一段时间里延续。但从更长的历史视野来看,贸易低迷也并不是新现象。在1913—1950年间,世界贸易增速明显低于GDP增速。其中,在1929—1938年的大萧条中,世界贸易平均增速则是负数。当然,目前世界贸易增速放缓背后的原因比以往更为复杂。以限制性贸易政策为代表的保护主义重新抬头和全球价值链收缩确实抑制了贸易增长,但世界贸易增长率显著放缓也与周期性因素相关。2012年以来全球实际进口年增速降低了1.75个百分点,其中四分之三归因于全球经济增长疲软,尤其是投资领域的不佳表现。另外,贸易增长放缓在一定程度上可能还反映了过去推动贸易增长的超常势头进入了自然成熟期。因此,即使贸易收入弹性(贸易增速与GDP增速之比)小于1,也并不表明"去全球化"的作用机理,而更多是与宏观经济不景气和经济复苏曲折艰难有关。

还有,"逆全球化"和"去全球化"的重要依据之一是全球化导致深刻的收入再分配效应以及不可避免的外部冲击。这是一种消极副产品。事实上,关于全球化现象的意义及其影响,一直存在不同看法。即使在全球化进程顺利推进的快速发展时期,也存在着尖锐的争论。一种消极的观点是全球化导致世界两极分化。另一种积极的观点是全球化带来了最终改善一般生活条件的机会。还有一种折中的观点是全球化既没有导致世界两极分化,也没有带来最终改善一般生活条件的机会。实践证明,尽管全球化进程并不意味着给各国及其国内不同阶层带来相同的利益,势必存在利害冲突,但也带来共同利益的存在。全球化形成世界大市场以及更好发挥市场机制对生产力成长的刺激作用,是任何其他因素无法替代的。全球化通过生产要素的跨国流动,使不同国家潜在的生产要素结合在一起发挥出实际的效能,增大世界作为一个整体的生产总量,从而使参与国际分工的国家均能从中分享到不等利益。全球化加速技术跨国转移,将促进各国经济结构持续不断地调整。全球化带来全球经济治理的制度性安排,对于促进当前和今后的经济制度演变具有深远影响。对于发展中国家而言,需要在融入全球化进程中发挥后发优势,实现经济起飞。对于发达国家而言,则需要在全球化进程中来解决发展问题。不管主观的意愿如何,任何国家都不可能摆脱全球化深化的影响,只能在全球化进程中寻找自身的定位。

因此,我们不能因为今天正在发生或面临的贸易摩擦、投资贸易增速减缓及全球化带来的消极副产品等轻易否定全球化的持续过程。展望未来30年,我们判断,全球化的方式、构造、路径等也许会有所调整和变化,但全球化的持续进程仍将继续并不断深化。

全球化进程是在一定时空中展开的,受到共时和历时的世界发展变化(如长周期、科技革命、城市化等)的影响,从而其进程的速率、方向、深度等方面将呈现波动性、非线性的态势特征。全球化波动性,在很大程度上与世界经济发展趋势有关。世界经济发展迅速时,全球化进程加快;世界经济发展减缓时,全球化进程放慢。当前,世界经济已走出持续 10 年的低迷期,呈现复苏现象。未来 30 年,世界经济长周期将伴随着新科技革命和新产业革命到来,从下行通道走向上升通道,进入复苏与繁荣阶段,全球化进程也将转向新一轮的高潮期。经验表明,越是经济扩张,越是跨地区、跨国界的对外联系扩大,越是日益增强的相互依赖。与此同时,重大科技革命带来的经济方式大变革,不仅将导致新的国际分工方式,促进资源要素的全球性配置需求和能力,强化在更大空间尺度的合作协同,而且技术进步本身也将进一步压缩时空,为更大范围的流动与交互创造条件。这种基于全球经济扩张的经济联系进一步加强和密集化,势必促进基于更多"资源"开发的网络规模扩展。

面向未来 30 年,全球化作为一个展开的过程,有其独特的时空模式,将增添许多新的内容,发生许多新的变化,呈现与以往不同的新特点和新形态。我们从三个维度来预测全球化未来进程。

1. 全球化程度加深。我们知道,跨国公司是形成全球生产及其一体化的基本单位,其跨国互动的地理范围及其网络分布对各国经济融入全球化的程度产生重大影响。2008 年全球金融危机以来,跨国公司发展战略呈现新的变化,并预示着未来发展方向。跨国公司全球生产链"近岸"布局的战略调整致使全球供应链缩短,同时跨国公司通过基于模块化、集成化的分工细化导致全球价值链的"长度"进一步延伸。另外，"逆向创新"成为跨国公司的普遍战略。与以往基于发达经济市场需求进行创新性产品研发、生产，进而销往全球市场的模式不同，跨国公司越来越注重新兴经济体的崛起，并随之调整其全球价值链分布策略，将更多的创新活动转向和置于新兴经济体，然后将创新性产品再销往包括发达经济体在内的全球市场。目前已加快了一些与之相配套、连锁的产业转移，并将呈现研发、制造和营销一体化转移的态势。其结果，全球生产网络日益密集化，其覆盖面越来越广泛。联合国贸发会议 2013 年开展的一项研究显示，全球贸易中的 80% 属于全球生产网络内的商品贸易，并且这一趋势仍在继续发展。

因此，跨国公司的新发展，不仅预示着跨国公司全球版图的重新绘制，而且势必带来全球产业转移和一体化生产的新形态和新特点。其中，有三个重要的相关性趋势。一是来自发达国家跨国公司与来自新兴经济体跨国公司的共生与交织，将改变传统的发达国家向发展中国家单向产业转移格局，形成双向互动的世界产业转移格局，从而导致更大规模的全球化贸易、资本流动、移民和信息交换，形成互联程度越来越强的世界和一个复杂且覆盖全世界的网络。互联的复杂性和速度将全球化带至一个新水平，并提供了意想不到的机会——但也带来巨大风险。二是在一定程度上弱化跨国公司网络的不对称分布,从而调整不同国家之间的劳动分工,在世界各地形成更多的全球价值链节点以及更紧密的生产网络连接。三是将使全球生产网络更加密集化,负责全球化投资贸易的主要网络节点将明显增多,而不再集中于少数几个中心。

因此,未来30年的全球化进程深化,尽管仍然会有较大的外延性扩展,把更多国家和地区纳入其中,但更主要的是相互依赖性程度的日益加深,更多表现为新兴经济体和发展中国家参与全球化程度的不断提高,从全球化边缘逐步走向外围,从外围走向次核心,甚至从次核心走向核心。总之,新兴经济体和发展中国家日益深度融入经济全球化,将驱动全球化程度不断深化。

2. 全球化领域拓展。过去的经济全球化主要是制造、金融部门的全球化,表现为大量全球货物贸易和全球资本流动及其投资。由此,也促进了国际贸易中心和国际金融中心数量大幅增加,区域分布更加广泛。目前,经济领域的全球化越来越表现为"非物质化的全球化"(dematerilization globalization)。其中,突出反映在两个方面。一是全球跨境数据流通激增。根据麦肯锡的报告,仅在2013年至2015年间,全球数字信息流通量就翻了一番多,达到每秒290兆字节;到2016年底再增长1/3,这意味着全球企业和个人发送的跨境数据量比2008年增20倍。这种新型全球化的经济价值已经显现。2014年,资本、商品、服务和数据的跨境流通给全球经济创造了 7.8 万亿美元的附加值。其中，仅数据流通创造的附加值就达到 2.8 万亿美元，略高于全球商品贸易创造的价值（2.7 万亿美元）。二是新兴服务贸易的快速发展。全球性产业的不断升级换代和国际分工的细化使原来隶属于生产过程的服务被剥离出来进行专业化的分工和合作，新技术的运用和信息技术进一步高级化和智能化的发展也创造出很多新的服务业态和形式。随着发达国家政府试图通过科技创新来建立新的实体经济的基础，与这些新兴的科技行业伴生的生产性服务行业，比如研发分包、营销、咨询、技术支持和售后服务、专利与专门技术贸易等迅速发展。与此同时，现代信息技术的发展，极大压缩了时空，也增强了"服务的可贸易性"。而各国公众的消费真正进入了国际化时代，特别是中产阶层新的生活方式，从节俭消费行为演变为消费驱动行为，将极大促进不断扩张的全球服务需求。因此，全球服务贸易将获得新的发展空间，特别是教育培训、医疗保健、文化创意、媒介等新兴服务贸易发展代表着未来全球化趋势。

经济全球化的领域拓展，带来的另一个新变化将是劳动力全球化的兴起。相比其他要素来说，劳动力要素流动受国界限制是相对凝固的，因而其全球化程度相对较低。未来 30 年，在若干新因素的推动下，劳动力全球化程度将明显提高。（1）围绕人力资源的全球性竞争，正成为所有国家实现战略目标的主要因素。人力资源的质量与国家的竞争力紧密相关，占据主导阵地的将是那些最能吸引精力充沛的人才的国家，国际竞争的主战场将转向人力资源。这种不断加剧的人力资源竞争，必将促进人力资源的全球性流动。(2)高速可靠的互联网已经对全球劳动力市场产生深刻影响，并将继续改变发展中国家劳动力融入世界经济的能力。互联网为全球信息环境提供支撑，使人们比以往任何时候都有更多交流、更多共享、更多创造并能更快地组织起来，从而以较低成本就能获得较高素质的全球劳动力。与此同时，一些国家正在利用信息共享来开发自己的先进能力，也将便利劳动力要素在更大范围内流动。(3)世界范围内教育水平的提高，提升了劳动力流动的周转率，也增大了人们移民国外的可能性。(4)这些变化由于不断改变的人口结构而被放大。人口老龄化成为21世纪的时代特征。到2050年，世界老年人占总人口比重将达到21％。其中，发达国家的老年人占比将高达30％。而年轻人口在非洲和中东地区正迅速增长，这在一定程度上将促使年轻人口越来越多地跨越国界和海洋迁移。

上述全球化拓展主要限于经济领域，但未来30年，在技术、学术、教育、文化、生态乃至部分政治领域的全球化趋势也将越来越显现。例如，现代信息通信技术的迅速发展使人力资本流动和劳务流动相脱离（如服务外包等），而且这一发展趋势可能进一步增强。通过创造人力资本与劳动力分体的可能性，现代信息通信技术进一步增加了相对于人的技术流动性。这预示着未来的技术全球化也将有进一步发展并达到新的水平。又如，学术全球化趋势，特别是在生物技术、纳米技术、信息和通信技术、信息系统、物理、生物医学研究、计算机科学、心理学、医学和生物医学研究、数学等众多领域，国际合作科学研究数量迅速增长。再如，教育培训服务贸易发展和教育全球化的兴起和发展，未来，这种教育全球化的空间分布趋于更加广泛和密集，更加双向流动和循环流动。从更宽泛的角度讲，基于全球市民社会的全球化进程也将有所推进，特别是对全球资源和环境的生态关怀以及跨文化世界交往。

3. 全球化构造复杂多样化。在全球化过程中，始终存在着一体化与区域化、多边与双边等并存的基本构造。在过去30多年，更多表现为发达国家主导的多边体系，诸如世界贸易组织、国际货币基金组织和世界银行等，其通常被称为"三驾马车"。而且，在进入21世纪之前，大多数国家其实都是维护WTO多边框架的，签署自由贸易协定（FTA）的数量并不多。应该讲，这种多边框架的制度性安排总体上在过去发挥了重要作用。目前，区域化浪潮汹涌兴起，建立地区经贸联盟的进程趋于加强，导致双边自由贸易协定数量猛增。特别是发达经济体争相制定FTA战略，并试图形成巨型FTA。新兴经济体国家也开始建立自己的制度体系和经济联盟，试图制定贸易投资的新规则和新制度。这种全球化构造及制度性安排的新变化,绝非偶然,实际上是与跨国公司网络结构高度相关的。跨国公司 FDI 动机及其方式,不仅构造了要素、商品与服务全球流动的联结方式,而且也带来了某些重要的全球性制度安排。这种全球化构造及制度性安排的新变化也预示着世界未来经济结构化的雏形,即全球化过程中的新区域化。当然,这并不意味多边体系的消亡或被完全替代。因此,在未来 30 年,全球化构造及制度性安排将趋于复杂多样化,呈现"WTO 的多边体系＋各种区域性双边投资贸易"的复杂格局。在此过程中,可能会酝酿形成全球化新的长期"游戏规则",特别是全球化规则趋于高标准。

2.2　全球化驱动的全球城市发展呈现哪些趋势?

未来 30 年全球化进程的深化势必促使世界体系联系更加广泛和密集,带来世界城市网络的重大变化。这将直接影响全球城市一般演化进程及其方向,不仅关系现有全球城市未来的发展和提高,更是直接关系到新兴全球城市崛起的重大问题。那么,全球化驱动全球城市演化将呈现哪些趋势?

1. 在世界城市网络规模扩展基础上增加全球城市群体数量。未来 30 年,随着全球化进程的不断深化,日益增长的经济部门在许多城市扩展了办公室以及办公室网络扩展到新的城市，必将带来世界城市网络规模扩展。世界城市网络扩展意味着更多开发和维护全球化空间关系的资源投入，即更多的国家和地区将参与经济全球化以及越来越多的城市融入其中。在此过程中，也日益加深它们之间相互依赖性程度。从未来发展看，全球化进程导致世界城市网络规模扩展，其主要力量来自发展中国家的城市越来越多地融入其中，表现为增量扩展的明显特征。因为在市场竞争机制、技术变化和时空压缩的驱动下，全球市场竞争优势的转变将提高经济活动的全球性覆盖。[1]特别是新兴经济体，不仅呈现较快经济增长速度，而且通常通过对外开放来发挥其后发优势和比较优势，所以较快地融入经济全球化进程，其城市也大量进入世界网络之中。

世界城市网络规模扩展，提供了全球城市数量增多的可能性。因为新崛起的全球城市作为一种增量，并不意味完全取代原有全球城市。当然，个别全球城市趋于衰弱会被替代，但更多的全球城市只是相对地位变化与调整。例如，芝加哥在2000—2008年间尽管保持了相同的连通性水平，但由于其他城市已经变得具有更多的连通性，从而有一个相当大的连通性水平相对下降值。[2]显然，这与绝对水平下降是完全不同的性质，并不意味被新的全球城市所替代或退出了全球城市行列。因此，在世界城市网络规模扩展基础上，全球城市群体数量将呈现逐渐增多的态势。

2. 全球城市的节点功能趋于提升，在全球资源配置中发挥更大作用。世界城市网络规模扩展是以网络连通性总体水平提高为标志的，既表现为新进入网络的城市数量增多，也表现为原有网络中城市连通性水平的提高。后者对于提升全球城市的节点功能起着重要作用，即便在发达国家也是如此。例如英国在 2000 年的世界网络连通性测量中，伦敦全球排名第一，而英国其他城市没有进入 100 强的。[3]但 2004 年世界网络连通性测量表明，英国一些城市经历了全球网络连通性的快速提升：爱丁堡、布里斯托尔、卡迪夫和利兹在这方面特别引人注目。[4]在 2008 年世界城市网络测量中，则显示出 17 个英国城市具有高于 0.05 的网络连通性指数值，其中曼彻斯特、伯明翰、爱丁堡至少具有伦敦最高连通性的 1/5。这一变化带来的结果，不是伦敦的节点功能地位下降，反而是进一步提升。一方面，由于英国各地城市网络连通性都有不同程度提高，创建了一个以网络关系为特点的密集城市空间。伦敦作为主要节点的全球城市，在越是密集的城市网络空间中，其联结越广泛（联结长度增大）、越频繁（联结密度增大），从而其节点功能越强大。另一方面，当全球城市周围涌现越来越多的网络节点城市时，其空间扩展将形成以其为核心的全球城市区域或巨型城市区域，全球城市在这一空间平台上将发挥更强的网络功能作用。因此，全球化进程深化将进一步提升全球城市的节点功能，发挥其在全球资源配置中的更大作用。

3. 赋予全球城市多样化特质，呈现不同类型的全球城市特色。随着全球化部门、领域的不断拓展，全球化构造趋于更加复杂多样，世界城市网络节点本身也表现为不断多样化、复杂化以及在空间上的不断延伸化。在此过程中，将形成许多其他类型的城市网络，并随之涌现出大量非经济类别的新型全球城市。例如，具有新的未来优势的以文化、科技、媒介、教育、全球治理等为主导的全球城市。

当然，这些"新类别"也有可能部分叠加在原有全球城市上，使其更具综合性。例如，纽约、伦敦原先承载更多经济网络功能，现在趋向于全球科技创新、文化等非经济网络功能的叠加，成为一个更加综合性的全球城市。同时，这也为新崛起的全球城市提供了直接向综合性网络功能全球城市演化的可能性。然而，由于不同类型网络有其各自分布及延伸，其交集与渗透相对有限，更多将是增加不同类型网络的新的主要节点。而且，从总的演化趋势看，综合性全球城市发展数量将相对较少，更多的是专业性全球城市的发展。因此，这些新类别的全球化将带来更多新的全球城市，特别是具有鲜明专业化特色的新型全球城市。这一演化路径代表着未来方向，是全球城市日益增多和丰富化的重要途径。

因此在全球化推动下，日益扩展的世界城市化，使城市在世界体系中的地位和作用更加突出，使世界城市网络更加密集化，节点城市趋于增多且更加广泛分布。其中，作为全球网络核心节点的全球城市作用更加显著，其种类和形态更加多样性，特别是促进一批新兴全球城市的崛起。这意味着未来仍存在着全球城市发展的巨大动力和发展空间，特别是新兴全球城市崛起的巨大潜在可能性。因此，上海迈向卓越全球城市的基本前提条件是存在的。

2.3 世界格局大变革将带来什么机遇？

全球化进程不断深化，将扩展到更多的地区覆盖，融汇更多城市进入世界网络，但全球城市则更多集中在全球化中心地区兴起和发展。未来 30 年，随着新旧力量的对比和更替，世界格局将发生重大变革，其意味着全球化中心转移或流经路线"改道"，从而在结构上影响和决定个体群的全球城市演化。也就是，世界格局大变革预示着未来全球城市演化的区域性分布及其结构性特征，从而为我们透露哪些地区或国家更有可能发生全球城市兴衰起伏的重要信息。上海迈向卓越的全球城市，世界格局大变革能为其提供可能性机会与生存空间吗？

1. 新兴经济体的群体性崛起，世界经济增长多极化。在世界经济长周期交替之际，一个重要新变化是新兴经济体的群体性崛起，且在世界经济中的作用日益增大。新兴经济体在过去 20 年已取得巨大进步，崛起为有影响力的地区角色。新兴经济体在全球GDP 中所占份额从 1993 年的约 35％增长到 2013 年的约 50％，对全球 GDP 增长的贡献度几乎与七国集团发达国家相当。其持有的外汇储备相对发达国家从 2000 年的接近 1/2 增长到 2015 年的大约两倍。新兴经济体不仅是世界上获得外国直接投资最多的国家之一，而且对外直接投资也迅猛增长。另外，全球金融体系的管理已经不再取决于由工业化国家组成的七国集团，而是受到二十国集团的支配，其中新兴市场国家占大多数。这些新兴经济体还在气候变化、移民、人权和知识产权等其他全球问题中发挥重要影响。即使在 2008 年全球金融危机冲击下，新兴经济体增长不如过去那么"显眼"，但总体上讲，其在全球经济格局中的上升态势并未根本逆转。据 IMF 报告，2013—2018 年，新兴经济体 GDP 的年均增长速度约为 5.9％，远高于发达经济体 2.3％的年均增速，在全球经济总量中的占比进一步上升到 55.1％。更重要的是，新兴经济体是具有一定抗冲击能力的。很多新兴经济体不仅从两次大型危机（1998年的亚洲金融危机和 2008 年全球金融危机）中存活下来，而且经历每次危机后都可能变得更强大。从更深层次的角度讲，新兴经济体的形成及其崛起，其基础并非"偶然因素"，而是基于深刻的历史规律。首先是"历史钟摆不断摇动"理论，文明进步的中心开始向南、向东转移。其次是新一轮康德拉季耶夫周期拉开帷幕。经过这次危机后深度结构调整的新兴经济体,随着世界经济转向长周期上行通道,将再次焕发出巨大的活力和能量。

未来 30 年,新兴经济体还有很大的发展潜力,并有强劲表现。麦肯锡咨询公司预测,到 2025 年,全球消费者将增加 18 亿,总数达到 42 亿,总消费能力将达到 64 万亿美元,而其中接近一半将发生在新兴经济体。届时,新兴经济体将成为全球商品、服务、资金、人才和数据的重要生产地和消费地。另外,在当前全世界约有 8 000 家大公司(年收益在 10 亿美元以上)的基础上,到 2025 年将新增 7 000 家,大公司总收益将翻一番,达到 130 万亿美元。其中,最引人注目的变化在于,这些新增大公司的 70% 将位于新兴经济体。届时,位于新兴经济体的大公司数可能是现在的 3 倍以上,从目前大约 2 000 家上升到 2025 年的大约 7 000 家。新兴经济体大公司的全球占比,有望从 2010 年的 27% 上升到 2025 年的 46%;同时,全球收益占比将从 24% 上升到 46%。因此,新兴经济体将在世界经济增长中扮演越来越重要的角色。普华永道咨询公司认为,2009 年 G7 的 GDP 总量为 29 万亿美元,E7[5] 的 GDP 总量为 20.9 万亿美元;而到 2050 年,G7 的 GDP 总量为 69.3 万亿美元,E7 的 GDP 总量将达到 138.2 万亿美元,远远超过 G7。IMF 也预测到 21 世纪中叶,金砖国家将在所有指标上超越 G7,成为 21 世纪新型、公正国际秩序的孵化中心。而且,除了"金砖五国"外,"灵猫六国"(CIVITS)[6]、"金钻 11 国"[7]

等经济体也将成为亮点，其中"薄荷四国"[8]有可能成为微型强国。未来 30 年，新兴经济体的群体性崛起，将改变传统世界经济增长单极化格局，使世界经济呈现多极化增长格局。

2. 世界经济重心继续东移。随着世界经济增长的多极化，世界经济地区格局也进入了一个调整分化期，世界经济与地缘政治力量的轴心已经开始从西方和北方向南方和东方转移，并呈现继续转移的态势，从而亚洲将成为世界经济增长最快的地区，东亚又是亚洲的增长核心。展望未来，中国和印度将在 2050 年引领全球，分别成为世界最大经济体和第二大经济体。普华永道《2050 年的世界》预测，到 2050 年，中国按购买力平价计算经济总量将达 61 万亿美元；印度将从 2014 年的 7 万亿美元增长到 2030 年的 17 万亿美元，到 2050 年则增长到 42 万亿美元，超过美国的 41 万亿美元。受中国、印度强力崛起的拉动，全球经济实力向亚洲转移的基本方向和变化的历史特征是明确的。而且，在亚太地区，印度尼西亚将从 2014 年的第 9 位经济体上升到 2050 年的第 4 位，经济总量达 12 万亿美元；巴基斯坦从第 25 位上升到第 15 位，经济总量达 4 万亿美元；菲律宾从 28 位上升到第 20 位，经济总量达 3.5 万亿美元；泰国上升到第 21 位；孟加拉国从第 31 位上升到第 23 位；马来西亚从第 27 位上升到第 24 位。但日本将从第 4 位下降到第 7 位，韩国从第 13 位下降到第 17 位，澳大利亚从第 19 位下降到第 28 位。根据

2011 年亚洲开发银行发布的《亚洲 2050——实现"亚洲世纪"》报告,该地区到 2030 年可能会占全球 GDP 的 36％,至 2050 年占全球产值的比重将升至 50％左右,在全球贸易和投资中的比例也将达到 50％。到 2050 年,亚洲人均 GDP 将达到 38 600 美元,超过全球人均 GDP 水平(36 600 美元)(表 2.1)。

表 2.1　2050 年亚洲经济增长及其在全球所占比重预测

	2010	2020	2030	2040	2050
全球产出(市场汇率,万亿美元)	62	90	132	195	292
亚洲占全球的比重(％)	27.4	33.5	38.9	44.5	50.6
全球增长(％)	—	4.0	3.9	3.8	3.6
亚洲增长(％)	—	5.8	5.2	4.8	4.4
亚洲在全球增长中的份额(％)	—	55.7	59.3	62.8	66.0
全球人均 GDP(美元)	10 700	14 300	19 400	26 600	36 600
亚洲人均 GDP(美元)	6 600	10 600	16 500	25 400	38 600

资料来源:亚洲开发银行,《亚洲 2050:实现亚洲世纪》,2011 年 5 月。

当然,亚洲地区也存在自身的缺陷,面临着各经济体改革的失败、跌入中等收入陷阱、人口老龄化、经济活力衰减乃至停滞、政治动荡、解决地区共同问题的体制困难以及可能引发新战争等重大风险。这无疑将给亚洲地区发展及世界经济重心东移带来不确定性、不稳定性,甚至严重的困扰。但这并不意味着如奥斯林(M.R.Aus-lin)所说的"亚洲世纪的终结"[9]。一些可以相对预见的重要因素将是支撑世界经济重心东移的基本面。(1)届时亚洲地区将新增

30亿人口,成为世界人口的主要聚集地区。(2)亚洲将成为世界城市化的迅速发展地区,预计2050年亚洲城市居民比例将为65%。(3)亚洲将成为中产阶层迅速崛起的主要地区。经合组织估计,全球中产阶层(定义为按照2005年购买力平价计算人均日开支为10—100美元的家庭)将从2009年的18亿增长到2030年的49亿,其中亚洲的中产阶层将占2/3(2009年的比例仅为28%)。(4)亚洲将成为全球最大的消费市场。到2030年,除了全球中产阶层有2/3生活在亚洲外,全球17亿富豪中有超过60%生活在亚洲,从而将把这个以全球制造业中心著称的地区彻底改变为消费发动机,构成一个价值约7万亿美元的零售市场。(5)亚洲将成为全球资本存量最高的地区。未来几十年,全球资本存量净增量的约45%都属于亚洲,资本存量绝对增量也随之提高,在2050年之前将上升到占全球3/4。除此之外,亚洲是全球供应链分工最为充分和有机联系的地区,具有较高经济协同程度。尽管亚洲从未形成有效的地区共同体,亚洲经济体的相互依赖主要是通过全球贸易制度而不是双边或区域贸易安排得到加强的,但从另一个角度讲,这将有助于区域或次区域经济合作的空间得到进一步拓展,加快区域内经济一体化速度。当前提出的《区域全面经济伙伴关系协定》(RCEP),其独具一格的特征是允许该地区的发展中国家根据合理时间表作出符合高标准的承诺,而不会因为这些国家一开始未能达到其标准就被排除在外,因而其涵盖的国家更为广泛。RCEP 的经济合作议程以及实现地区共同目标的中心任务,将成为亚洲在实现下一次重大结构转型的过程中建立经济和政治信心的重要工具。与此同时,RCEP 集团也将成为全球经济活力的来源。

3. 全球治理体系变革。随着全球化进程不断深化,全球治理体系变革的重要因素之一,是城市作用增大以及大量非政府组织积极参与。一方面,全球化对个人的赋权进一步推进,主体趋于多样化,世界也向多中心方向发展。技术高度发展及其普及,使个人、集团、组织的能力得到飞跃性提高,使国家这一主体的各种垄断性受到冲击。另一方面,全球化也使一些乍一看很小的问题可以快速跨越国境形成大问题,导致所谓的"统治的鸿沟",即统治主体的目标期望与其可以调动能力之间的较大距离,令国家的统治能力被打上问号。这种基于全球化的世界流动性导致国家边界的重要性日益降低,甚至国与国之间的边界也可能会发生变化,并使其作为重要载体的城市作用日益凸显。从这一意义上讲,城市日益代表国家参与国际竞争,城市政府的影响力增大。这一过程已在进行之中并将成为 21 世纪最重要的发展动态之一。当然,这绝不会降低国家的重要性。因为目前国家主权是不可动摇的,其他主体不可能拥有国家所掌握的资源和统合能力。而且,越是跨越国界形成的大问题,就越需要各个国家分工应对。但在其过程中,将有更多的非政府机构参与全球治理，推进全球标准和规则的制定。例如在会计、审计、保险等领域，官民合作推进制定全球化标准和规则。在跨国相互影响加深之中，环境、安全、健康等广泛领域都会有越来越多的官民合作制定全球标准的尝试。

还有，全球治理体系未来变革的一个重要趋势，将是更加注重特定地区的治理，可能形成各不相同的地区治理模式。尽管基于多边协商的全球治理机制依然存在，并将继续发挥重要作用，但随着全球区域化发展，地区性治理将越来越重要，其地位更加突出。欧盟是这种区域性治理的典型代表，并形成了其独特的治理模式。从未来发展看，其他地区也许根本复制不了欧盟的治理模式，但一定会创造适合自身的地区治理模式。特别是亚洲，很可能是孕育世界治理新模式的空间。

世界格局大变革将对全球城市演化的区域性分布及其结构性特征产生重大影响，世界城市网络子集变化趋势可能表现为两大特征。

一是进一步强化城市网络连接区域向亚太地区集中，西欧的核心区域将减弱。亚太地区是全球经济中最动态发展地区，中国成为一个受关注的焦点[10]，而欧洲遭受全球金融危机最严重影响[11]，欧洲国家的主要城市以停滞为特点。在亚太地区，主要经济体的主要命令和控制功能集中在中国的北京—上海—香港[12]、日本的东京—大阪—名古屋[13]和印度的孟买—新德里—加尔各答[14]。相比之下,欧盟只是伦敦—巴黎主导[15]。当然,欧盟比亚太地区的主要经济体有一个更复杂的系统,一些二线城市,如阿姆斯特丹、马德里、米兰、慕尼黑、斯德哥尔摩和苏黎世等,也有重要的全球和区域指挥和控制功能。

二是分散游离的节点将更多整合为全球城市小集团。随着新兴经济体的迅速发展,诸如"灵猫六国""金钻 11 国"等经济体,其将涌现出更多的城市节点,与原有分散游离的城市节点合成整体。这将使城市网络连接的区域集中得以扩展,从而使世界城市网络子集的地理分布更加多元化。

在世界经济重心继续东移,以及全球化流经渠道与路线向亚洲转移的重大改变下,亚洲地区势必成为全球资源要素流动与配置的重要战略空间。这意味着亚洲地区将有更多城市融入全球城市网络,并将崛起一批新兴全球城市在世界体系中发挥更大的节点作用。这将为上海迈向卓越全球城市提供区域性分布的必备条件。

2.4 是否中国走近世界舞台中心的战略需要?

全球城市作为现代全球化的空间表达,超越了民族国家的界限,但其总是位于某一特定民族国家之内,受国家尺度约束条件的影响，仍然遵循国家公共机构和领土安排的逻辑。因此，一个国家参与全球化程度及其在世界地缘政治经济中的地位和作用，构成全球城市演化的选择环境重要组成部分。国际经验表明，引领和主导经济全球化的国家通常在全球经济中处于重要地位，并成为其全球城市崛起与发展的重要支撑。反过来讲，全球城市崛起也是一国走近世界舞台中心的战略需要。

面向未来30年，尽管中国崛起将面临许多外部摩擦以及内部中等收入陷阱、经济转型升级等严峻挑战，但只要坚持全面深化改革，创新驱动发展，有力推进"一带一路"建设，实现中华民族的伟大复兴将势不可当。

中国目前已是世界第二大经济体，但人均 GDP 水平仍较低。按照经济收敛理论，这意味着理论上还存在着较大超常增长潜力。比较乐观的估计是，中国还有 15—20 年经济超常增长的可能性。当然，一些约束条件会发生变化，如人口结构变化、成本提高、需求变动、生态环境约束等。但中国仍然存在相应的比较优势，如深度的城市化、丰裕的人力资源、完备的工业化体系、较好的基础设施、潜在的巨大消费市场等。只要深化改革开放，创新驱动发展，极大释放增长潜能，提升全要素生产率，尽管增长速度趋于自然下降，也能继续保持良好的发展态势，中国经济强势崛起势在必行。在世界和平与发展的前提下，中国将成为世界最大经济体几乎是没有疑义的，只不过在具体到达时点上有不同测算和预测（见表2.2）。仅就此而言，巨大的经济总量规模也足以在世界上产生重大影响，包括对全球化进程、世界城市网络建构、全球城市演化等深远影响。

随着中国成为全球最大的经济体，中国对世界经济增长的贡献及其影响力增大。科技创新也将从"跟随"逐步转向"同步"，甚至部分领域进入世界前列"领跑"。文化"软实力"将不断增强，得到世界上更大的认同。因而，中国的国际地位将不断提高，具有更大的全球存在影响力。与此同时，随着对外开放深化，加快"走出去"步伐，中国的跨国公司将在世界版图中占有重要地位。随着人民币国际化进程的推进，人民币将成为国际储备货币之一。通过"一带一路"建设，将引领更多发展中国家融入全球化进程。通过参与和制定各种投资贸易规则，在全球治理中越来越具有较大话语权。中国将日益走向世界中心舞台，不仅主动参与并将开始引领全球化进程。

在世界经济重心东移的背景下，中国深耕亚太，并将成为亚洲地区的核心国。中国目前已经是亚洲地区的经济集成国，对亚洲各国经济有重大影响。随着中国综合实力增强，将在亚洲地区发挥更加重大的作用。特别是，20世纪那种大型政治或意识形态同盟的亚太地区治理主要特点将不复存在，使国家之间的双边关系有可能多维度发展，在合作与竞争的边缘找到平衡点将成为新的长期规

表 2.2　OECD、CEPII、PWC 对未来世界 GDP 份额的预测

预测机构	经济体	2025 年 世界 GDP 份额（%，PPP）	2050 年 世界 GDP 份额（%，PPP）
经合 组织 （OECD）	中　国	17	16
	美　国	16	12
	欧盟 27 国	16	11
	日　本	4	2
	印　度	8	14
	俄罗斯	3	2
	巴　西	3	3
	其　他	33	40
法国 国际 经济 中心 （CEPII）	中　国	22	28
	美　国	15	10
	欧盟 27 国	15	10
	日　本	5	3
	印　度	8	12
	俄罗斯	3	4
	巴　西	3	2
	其　他	29	31
普华 永道 （PWC）	中　国	19	21
	美　国	16	13
	欧盟 27 国	16	12
	日　本	4	3
	印　度	8	15
	俄罗斯	4	3
	巴　西	3	3
	其　他	30	30

资料来源：根据各机构预测的汇总。

则。现在已涌现出一批这类治理模式的产物，如金砖国家开发银行、亚洲基础设施投资银行、TPP、上海合作组织、欧亚经济联盟、各种围绕东南亚国家联盟的组织和亚太经合组织等。这种相互之间靠近但不融合，彼此协作但不结盟的模式，在其复杂的相互关系中将形成阻止地区滑向大规模冲突的网络。在这种 21 世纪亚洲治理模式中，中国将发挥更大的作用。

在中国日益走近世界舞台中心的过程中，迫切需要能代表国家参与全球合作与竞争的全球城市。首先，全球城市具有全球资源配置功能，把国内和国外两种资源、两个市场融为一体，将适应和服务于中国综合实力的提升。其次，全球城市作为世界体系的节点和枢纽，成为联结"走出去"与"引进来"的桥头堡，将有助于中国主动参与及引领全球化进程，特别是服务于"一带一路"建设。最后，全球城市通行"全球村"标准和规则，成为全球治理的重要载体，将促进中国在全球治理中具有更多的话语权。为此，国家也将把建设有与之世界地位相适应的卓越全球城市作为重要战略加以实施和推动。

因此，上海建设卓越的全球城市，不仅仅是自身城市发展的问题，更主要的是承载国家战略。与一般城市不同，全球城市作为全球网络的主要节点，具有全球资源配置战略性功能，代表国家参与全球合作与竞争。尤其在全球资源配置权重新分配与调整的情况下，上海建设卓越的全球城市直接关系到中国对全球资源配置权的掌握程度。

2.5 国家为何赋予上海建设全球城市的重任？

国务院正式批复《上海城市总体规划（2017—2035 年）》，明确上海到 2035 年基本建成卓越的全球城市，到 2050 年全面建成卓越的全球城市。国家赋予上海建设卓越全球城市的重任，不仅出于对上海的信任，更主要是基于综合权衡和高瞻远瞩的战略布局。

首先，上海处于重要的战略区位。从空间（地理条件）因素结构来看，上海北界长江，东濒东海，南临杭州湾，处于"一江一海"交汇处，位于中国南北弧形海岸带的中心点，具有广袤的腹地。这种沿江靠海、腹地纵深的优越地理位置，决定了上海发展的门户城市、中心枢纽等主导功能和空间布局。一般来讲，区位条件的遗传性相对来说是较弱的，往往随时间推移而变化，如主导性交通方式变革、经济格局变革和经济重心转移等都会导致区位条件发生重大变化，但上海区位因素决定的主导功能和空间布局却具有很强的遗传性，穿越不同时空而延续下来。不论是何种交通运输方式主导（内河、公路、铁路、远洋、航空等），上海始终是重要门户和枢纽；不论在什么经济发展阶段和何种经济体制下（新中国建立之前、传统计划经济体制、社会主义市场经济体制等），上海始终是最重要的中心城市。因此，上海的区位条件极其特殊，其区位的优越性始终没变，至今仍在发挥着重要作用。这表明上海区位条件具有多样性及其自身转换性，同时也反映了上海的战略区位具有较大弹性及扩展性。

更为重要的，上海在中国日益走近世界舞台中心过程中具有不可替代的战略区位地位。上海处于东部沿海地带与长江经济带的交汇点。东部沿海地区是中国对外开放时间最早、规模最大的地区，也是中国经济最发达地区。经过这几年的经济转型，东部沿海地区围绕创新发展，在新技术、新产业和扩大国际合作和出口方面不断取得新突破，新的增长动力正在增强，经济运行质量提高。东部沿海地区将在转型升级的基础上，进一步借助东部沿海快速铁路通道、公路沿海大通道、港口和国际枢纽机场等重大设施，形成开放程度高、经济实力强、辐射带动作用大的东部经济发展带。而横贯中国核心腹地的长江经济带，覆盖9省2市，约205万平方公里的地域面积，人口和经济总量超过全国40％，经济增速持续高于全国平均水平，经济带动作用强、辐射范围广。长江经济带建设将以优化为主线，调整产业存量、做优产业增量，完善现代产业体系；以创新为动力，依托科技创新、制度创新双轮驱动，构建全方位创新发展体系；以融合为导向，推进科技、产业、教育、金融深度融合发展，建立要素资源联动机制；以协同为抓手，打破地区封锁和利益藩篱，形成全面合作的发展机制。到 2030 年，长江经济带的创新驱动型产业体系和经济格局全面建成，创新能力进入世界前列，区域协同合作一体化发展成效显著，成为引领中国经济转型升级、支撑全国统筹发展的重要引擎。上海处于这样一个在中国发展大局中具有举足轻重战略地位的纵横两大主要经济发展带的交汇点上，是中国发展大格局中独一无二的战略制高点。在未来全球化进程和世界格局大变革中，这一战略制高点必将成为变化中的全球化流经渠道和路线的主要位置。因此，上海内外广泛、高度贯通的特定战略区位，不仅将增大上海迈向全球城市的几率，而且将导致上海在世界城市网络中城市节点的功能及地位变化。

其次，上海有更高质量一体化发展的长三角区域支撑与依托。在全球城市空间扩展及日益融入全球城市区域和巨型城市区域的情况下，区域因素已成为直接影响全球城市崛起与发展的重要条件。上海的区域因素（长三角）在国内也是得天独厚的。长三角地区是中国经济发展的重要地区，也是高度开放型经济地区，并且是世界第六大城市群地区。长三角地区有较好的基础，经济腹地广阔，拥有现代化江海港口群和机场群，高速公路网比较健全，公路铁路交通干线密度全国领先，立体综合交通网络基本形成。随着区域一体化的深化以及各层次区域合作的全面推进,区域合作内容不断更新,区域合作模式趋于多元化。长三角已形成政府层面实行决策层、协调层和执行层"三级运作"的区域合作机制,确立了"主要领导座谈会明确任务方向,联席会议协调推进,联席会议办公室和重点专题组具体落实"的机制框架。目前设立了交通、能源、信息、科技、环保、信用、社保、金融、涉外服务、城市合作、产业、食品安全等重点合作专题,并将在区域范围内进一步复制推广自由贸易试验区、自主创新示范区等的成熟改革经验,在政府职能转变、体制机制创新等方面先行先试,推进金融、土地、产权交易等要素市场一体化建设,开展教育、医疗、社保等公共服务和社会事业合作。长三角城市群将形成"一核五圈四带"的网络化空间格局。"一核"的上海,主要提升全球城市功能;南京、杭州、合肥、苏锡常、宁波等五个都市圈,主要是促进同城化发展;沪宁合杭甬、沿江、沿海、沪杭金等四条发展带,主要是促进聚合发展。长三角发展目标是,建设面向全球、辐射亚太、引领全国的世界级城市群,成为最具经济活力的资源配置中心、具有全球影响力的科技创新高地、全球重要的现代服务业和先进制造业中心、亚太地区重要国际门户。未来 30 年,长三角地区在中国参与及引领全球化进程中仍处于特殊区位,是中国"东进"连接发达国家与"西进"("一带一路")连接广大发展中国家的核心枢纽。在当前全球城市发展寓于全球城市区域之中的新态势下,上海深耕于长三角地区，借助于长三角区域优势，将具有更好的条件来建设卓越的全球城市。

最后，上海具有较好的发展基础。改革开放以来，上海以开放促改革、以改革促发展，不断冲破传统计划经济体制的束缚，发挥市场在资源配置中的决定性作用。特别是 20 世纪 90 年代以来，以浦东开发开放为契机，大力推进要素市场化，促进市场体系建设，通过土地批租、混合经济与股份制等制度安排大力引进外商直接投资，极大解放了生产力，在 1992—2007 年连续保持 16 年的两位数经济高速增长。更为重要的是，通过建立完整的市场体系，吸引与集聚了国内外大量资源要素，并具有明显的内敛型与沉淀化特征，从而使城市规模迅速扩张，凸显出较强的经济实力与静态配置效率。通过明确"三、二、一"产业发展方针，在"调整中发展"、在"发展中调整"，服务业打破长期滞后局面而快速发展，产业结构迅速高度化，形成服务业与制造业"双轮"驱动的格局。通过结构调整，实现城市的复兴与再生，城市面貌焕然一新，城市设施基本配套，城市形态大为改善，具有较强的经济集聚功能，形成大量的财富创造活动。通过吸引大量跨国公司地区的总部、金融机构和研发中心入驻，形成了具有鲜明特色的产业集群和一批具有较强实力和竞争力的企业集群。通过对周边地区的辐射作用，与周边地区的合作与竞争程度增强，推动长三角地区经济增长，并通过自身的金融和贸易领域把中国连接到全球经济。[16]因此,上海从工商业城市逐步演化为以金融、贸易和航运为支撑的多功能国际经济中心城市,并在联结中国经济融入经济全球化过程中扮演了重要的桥头堡作用。

在近十几年中,上海发展进入一个重大关键性转折,即进入创新驱动、转型发展的轨道,促进发展理念、发展战略、发展模式、发展动力、发展路径、发展方式、发展空间等一系列重大转换。特别是进一步推进"四个中心"建设和实施供给侧结构性改革,率先进行了"营改增"试点,通过行政区划调整加强浦东新区在"四个中心"建设中的主承载区地位,通过"一区八园"扩大到"一区十三园"加快张江自主创新示范区建设,大力推进虹桥商务区和国际旅游度假区(迪士尼)等重点开发区建设等。同时,加快结构调整,减少对重化工业增长、房地产业发展、加工型劳动密集型产业和投资拉动的依赖,采取强有力措施淘汰高能耗、高污染、高危险、低效益的企业及落后工艺产品,提升战略性新兴产业在上海工业总产值中的占比,并聚焦柔性制造、精益制造、虚拟制造等先进生产模式,提高企业生产智能化水平,推进产业高端化。经过"十二五"时期的努力,上海的"创新驱动,转型发展"已初见成效,服务经济为主的产业结构基本形成,消费对经济增长的拉动作用进一步增强,投资拉动的外延型增长转向质量效益提升的内涵式增长,城市创新能力进一步提高,经济发展的质量和效益不断提高。

2.6 上海何来建设全球城市的内在化追求？

全球城市演化，其选择环境固然重要，但还要内因起作用，即取决于一个城市心智积累及对外部条件变化的反应能力。其中，迈向全球城市的内在化追求是重要条件之一。这不仅仅是当代人所设定的目标追求，更是基于历史形成的城市发展特质，以及作为历史沉淀下来的认知、行为惯例的城市基因。这种历史性的城市发展特质及基因携带着信息与知识，一直在不断延续与不断自我复制，实现着它的遗传功能，从而预设了城市发展的潜力，指引未来发展方向。从这方面看，上海建设卓越的全球城市是具有较强内在化追求的。

上海这座城市虽然历史并不很悠久，但通过历史过程选择保留下来两条重要遗传信息：一是上海作为中心城市的功能和地位始终未变，在不同的历史发展时期均在国家乃至全球经济社会发展中发挥重要作用。二是上海这座城市洋溢着基于开放的全球化"天性"，与全球化有天然的联系。

上海自开埠以来，利用独特的区位优势，在当时国内所有通商口岸中是发展较快的，因港设县、以商兴市，逐步进入国际化行列。至 20 世纪 30 年代，上海充分利用自身港口城市的全球交汇作用，一举奠定了在全球格局中的地位，成为远东地区的贸易中心、商业中心、金融中心以及交通和信息枢纽、文化重镇，成为当时全球范围内屈指可数的大型城市。因此，这座城市一开始就被赋予最著名的功能标签：上海是一个世界级的商业城市，商业和贸易自始至终扮演至关重要的角色；上海是亚洲最发达和重要的金融中心，以其善于接纳国际资本、人员和思想而著称。[17]

在传统计划经济体制下，上海凭借其强大的工商业功能，在国内的中心地位仍然十分显著。1977 年，上海生产总值占全国的 7.19％，财政收入占比为 17.43％，进出口总额占比为 15.68％。尽管这一时期受封闭经济严重束缚，上海的国际贸易、航运和金融功能被大幅调整，一度脱离了全球化进程，但并未完全扼杀掉全球化的"天性"，一旦环境条件发生变化，上海便表现出对外开放和参与全球化的强烈意愿和能力，并对外来全球机构（公司）和人员以及文化等具有很强的"亲和力"和包容性。

改革开放以来，上海再次融入全球化浪潮，对开放表现出极大的热情和强烈的冲动，以开放引领促进改革和发展，释放其特有的动态比较优势。通过结构调整，实现城市的复兴与再生，拓展城市综合功能，从工商业城市逐步演化为以金融、贸易和航运为支撑的多功能国际经济中心城市，并不断拓展全球连接，在联结中国经济融入经济全球化中扮演了重要的桥头堡作用。

因此，上海始终未变的中心城市功能及其地位，以及基于开放性的全球化特征,已成为自身的一种城市特质,并已深深嵌入基于建筑环境和基础设施的城市形态和城市格局之中,更为深刻地渗透在行为方式、运行惯例、组织方式以及对外联结方式等制度框架方面。

正是在这些城市特质的张力下,上海逐步形成了独特的城市文化、价值观和认知模式,并以一种不明确的记忆形式逐渐累积沉淀于城市系统中,成为独具魅力且一脉传承的城市基因和品格,即"开放、创新、包容"。

上海的地理区位优势,经济和商业中心的重要地位,近代中国最为自治、法治、安全和自由的制度环境,极富冒险精神的创业发展机会,以及便捷的交通网络、领先的文化事业和市政设施、舒适和惬意的都市生活等条件,为各种资源要素向上海流动和集聚提供了相对优越的生态环境。因此,大量的中外移民、大量的外国资本和民族资本、各种中外文化与制度等,纷纷在上海这座城市交汇。在此过程中,形成了对城市高异质性、多元文化、高流动性、快速变迁等的强烈认同,并使长期生存在这样一种时空环境下的上海人,通常保持一种开放心态,见多识广,眼界开阔,怀有对新鲜事物好奇与尝试的情结,更易接受环境的变迁。

多元、异质的交汇与融合,为上海持续不断的创新提供了肥沃土壤和适宜环境。上海这座城市不仅迸发出强大的创新活力,而且更是流行"崇尚科学、崇尚现代化"的创新。这种创新的文化、价值观和认知模式是基于"敢为天下先"的探索尝试和与时俱进的不懈追求。在上海发展历程中，无论是在思想观念、科学技术还是在城市治理、组织机构等方面，都表现出不因循守旧、不安于现状，而是善于接受新事物、勇于变故易常、不断推陈出新的明显特征。在此相联系，对世界发展新趋势、新动向、新思潮、新理念等极其敏锐，识时达变，处于创新前沿。正是这种基于敢为天下先和与时俱进的创新，上海能够处处领先一步，占居先机，发挥动态先发优势，维持和巩固其独特的中心城市功能及地位。

在开放、创新的基础上，上海还深入到一种过程中的"包容"境界。既有"海纳百川"的吸纳，使来自不同地域、不同种族、不同背景的生产方式、生活方式以及思想文化、习俗等得以交汇、互为补充和吸收；又有"大气谦和"的同化，大量多元、异质、差别化的事物更多通过"和风细雨、润物细无声"的方式相互渗透与交集，而不是发生强烈的冲突和摩擦。正是在这种高度接纳和包容的基础上，产生了大量"混搭"的新奇点和新的事物，带来新的城市生机和强大活力，同时也增强了这座城市的吸引力和凝聚力。

总之，上海长期以来形成的城市特质及城市品格，正通过各类载体影响着城市的运行节奏，还通过不断继承和传递默默指引着城市未来的前进方向。这种城市特质及城市品格在新的历史条件下将得到淋漓尽致的展示和发挥，内化为建设卓越全球城市的目标追求。

2.7　上海建设全球城市具备哪些现实基础？

全球城市不是从天上掉下来的，也并非空中楼阁，全球城市崛起与发展要有相应的现实基础，否则就是一句空话。上海通过 20 世纪 80 年代的城市振兴、90 年代的浦东开发开放，在迈向新世纪中提出建设"四个中心"和现代化国际大都市。经过 20 年的努力，在改革开放的强有力推动下，到 2020 年可以如期建成"四个中心"和现代化国际大都市。这为上海迈向卓越的全球城市奠定了坚实的基础。

第一，上海已经具有较大的经济规模和综合实力，形成了以服务经济为主导，现代服务业与先进制造业为支撑，产业高度融合发展的现代产业体系。特别是已高度集聚了一大批有国际竞争力和行业影响力的全球功能性机构（公司），形成了对外广泛网络连通性。上海是中国内地吸引跨国公司地区总部最多的城市。截至 2017 年 7 月底，外商在上海累计设立跨国公司地区总部和总部型机构已达 605 家，投资性公司 339 家、研发中心 416 家。

第二，上海建立和健全了国内外投资者共同参与，国际化程度较高，交易、定价和信息功能齐备的多层次市场体系，形成了各类基于网络化的功能性大平台。例如，已集聚了股票、债券、货币、外汇、票据、期货、黄金、保险等各类金融要素市场，成为国际上金融市场体系最为完备、最为集中的城市之一。随着市场建设的推进，市场运行趋于规范化，市场环境得以改善，市场功能日益增强，市场产品和工具不断丰富和多元化，市场新业态层出不穷，基于 IT 和互联网的商业模式日新月异，交易范围不断扩大，交易规模迅速增大。

第三，上海已具备良好的城市基础设施，如现代化深水港、国际航空港、国际信息港、高铁和城市铁路枢纽、城市快速道路系统、轨道交通系统和生态绿化系统等，形成了规模化、集约化、快捷高效的流量经济发展。例如，集装箱吞吐量从 2000 年的 500 万标准箱迅速上升为 2003 年的 1 000 万标准箱、2006 年的 2 000 万标准箱、2011 年的 3 000 万标准箱，2017 年已高达 4 032 万标准箱，成为全球首个集装箱年吞吐量突破 4 000 万标准箱的港口。其中，国际航线集装箱吞吐量占上海港集装箱吞吐总量的 73％。上海货物吞吐量位居世界第二位。2017 年，上海航空旅客吞吐量达 1.12 亿人次，世界排名第四，是全球第五个航空客运量过亿的城市。空运货邮吞吐量上是全球第三个超 400 万吨的城市。邮轮旅客吞吐量达 297

·

万人次,成为全球第四大邮轮母港。因而,上海日益凸显节点的枢纽与门户作用。

第四,上海已基本形成具有世界一流水平的现代化城市格局,社会协调发展、生态环境优化的城市生活体系。调整、改造和发展中心城区,调整和完善中心城区东西发展轴两侧用地的功能,规划建设沿黄浦江濒水南北发展轴,使之成为中央商务区的辐射区。优化新一代中央商务区,形成一个由主中心和若干个副中心组成的不同层次、各有侧重、分工合理的空间布局,其中主中心向综合性功能为主方向发展,副中心向具有专业特色为主方向发展。加快郊区城镇建设,使上海拥有一个地域宽广、经济发达、城镇水平较高的"大郊区",由中心城区的单一空间结构扩展为由中心城区和多个郊区新城构成的"多中心、多核"空间结构。

第五,上海已基本形成与国内外有广泛经济联系的全方位开放格局,主动对标最高标准和最好水平,日益强化与国际通行规则接轨。通过加大开放力度,率先试行"营改增"税制改革,建设自贸试验区,进行制度创新,实施准入前国民待遇和负面清单,推进商事制度改革,实行事中、事后监管,促进投资贸易便利化,基本形成符合国际惯例的社会主义市场经济运行机制。

因此,上海建设卓越的全球城市,具有较好的现实基础。应该讲,这一基本条件是具备的。

2.8 目标取向：建设哪种类型的全球城市？

作为全球网络的主要节点是全球城市的共同属性，发挥全球资源配置作用是一种基本功能，但全球城市还是有不同类型的区分。上海建设卓越的全球城市，终究脱离不了其中的一种类型。确定某种类型，实际上就是设定一个目标愿景。然而，这一目标愿景并不是纯主观设定的，必须依据全球城市类型学，从网络连通性覆盖和连接种类范围、位置战略性和网络流动性程度、网络关联结构中不同位置等维度来考察，并结合现实的潜在可能性来加以推测，从而预见上海建设的全球城市是哪种类型或目标愿景。

1. 全球综合性的全球城市。

全球城市的节点属性主要表现为网络连通性覆盖范围和连接种类范围。前者大小决定了全球城市是全球性导向还是区域性导向；后者大小决定了全球城市是综合性的还是专业性的。两者的组合，形成全球城市的不同类型，即全球综合性的全球城市、全球专业性的全球城市、区域综合性的全球城市、区域专业性的全球城市。一些全球城市以全球性连接为主导，表明其对全球资源配置更广泛和更深刻，比地区性连接主导的全球城市具有更大的资源配置范围与规模。一些全球城市有多方面、多领域的强大的对外连通性，表明其对全球资源控制与协调是综合性的，不仅要求产业部门众多，而且要求大部分产业部门具有较强指挥控制功能，其中还要有一个主导产业部门。例如，纽约是美国唯一的其公司出现在福布斯数据库所有 GICS（全球行业分类标准）部门的城市，其金融和医疗保健行业还是全球排名第一，是典型的综合性全球城市。显然，这比那些由少数几个具有指挥控制功能的产业部门构成的功能专业性的全球城市具有更高资源配置能级。显然，全球综合性的全球城市是连接层级最高和连接种类最多的全球城市。在世界城市网络中，这是为数不多、但处于网络核心地位的全球城市，因其有最广泛的全球性覆盖和最多样化的网络连接，从而在世界网络连接中具有强大的全球影响力和控制力。

未来 30 年，中国将崛起为世界最大经济体，并将在经济、政治、科技、文化等方面全方位崛起。与此相适应，需要有自身的全球综合性的全球城市。可以预见，在中国大地上必定会有这样一个全球城市崛起。当然，现在定论"花落谁家"，可能为时过早。但从国内来看，目前能够同时具备全球性覆盖和功能综合性潜质的城市并不多，相对来说，上海总体表现是比较突出的。

从世界城市网络连通性水平及覆盖范围来看，上海总体上呈迅速提升态势，点度中心度（与某个城市相连接的城市数量）目前已进入全球前十位。更为重要的是，上海同时具有特征向量中心度的较高水平，更多是与那些也具有很高连通性水平的城市相连接，特

别是与伦敦、纽约这些城市的连接特别紧密。这种既有高水平的点
度中心度，又有高水平的特征向量中心度的网络连接，正是全球性
取向的连接特征。这在国内城市中是首屈一指的。即使与全球网
络连通性排名世界第四的香港相比，从网络连接的取向来看，上海
的全球性取向程度要高于香港，而香港更多是亚太地区城市的连
接[18]，北京则与香港、新加坡、亚太地区的城市连接更紧密。泰勒
(P.J.Taylor)等人还比较研究了上海与北京的双城连接之间的主要
地理区别，表明两者明显不同。北京涵盖了除香港之外的所有太平
洋城市连接（包括澳大利亚的两个城市），而上海更趋向于广大美欧
地区城市的连接。欧洲城市紧密连接上海的多达 13 个，而连接北
京的只有 6 个。美国前五大城市加上迈阿密（在美国排名第七）共
6 个城市偏好于连接上海；只有其他 4 个城市偏好于连接北京。在
上榜的 4 个拉丁美洲城市中，有 3 个偏好于连接上海，其中圣保罗
与上海有特别强大的链接。[19]因此，上海目前全球网络连通性已
表现出明显的全球性取向，具有网络连通的全球性覆盖潜在发展
态势。

　　从网络连通性的种类尺度来看。在广义功能（包括经济、政治、
文化等）综合性方面，上海在政治方面的网络连接与北京有较大差
距。世界上政治维度的首都城市更倾向强烈连接北京（如华盛顿、
布鲁塞尔、马德里、莫斯科等），而上海双城连接中趋向于更多经济

维度下的全球城市,显示了全球商务功能的战略地位。但上海拥有的跨国组织数量在国内是排第二位的,且与其他城市远远拉开了距离。从结构上看,上海与北京的差距主要在于综合性跨国组织(大使馆和领事馆)上,北京有 381 家,上海只有 153 家。在外国商会方面,其差距并不大,北京和上海分别为 20 家和 15 家。在当前的全球治理体系中,除了正式外交网络外,国际组织、非政府组织、民间外交等非正式外交网络的作用越来越大,非政治首都的城市只要具有这些非正式外交网络的大量机构,同样可以在全球治理中承担重要角色。尽管上海不是政治首都,但并不影响其吸引更多非正式外交网络的跨国组织,以向广义功能综合性方向拓展,犹如纽约等城市那样。在狭义(经济)功能的综合性方面,上海明显占优,集国际金融中心、贸易中心、航运中心、经济中心、科创中心于一身,既有门类齐全的金融市场体系、各种贸易投资平台,又有大量跨国公司地区总部、外资投资性公司、外资研发中心,还有大量的各种类型的专业服务公司等,因而多样性网络连接特征十分明显。这是国内其他城市所不能比拟的。泰勒的实证研究表明,上海的金融全球网络连通性排名世界第 7,法律排名第 11,广告排名第 8,会计排名第 14,管理咨询排名第 23。[20]

从综合评估看,上海已经是国内全球性取向连接最高水平的城市,在连接种类上也具有综合性倾向。尽管其内部结构尚不均衡，但总体上讲，上海具有较强的全球性取向和功能综合性发展的潜质。而且，与其他全球城市不同，上海除了服务经济发展外，还保留着先进制造业，并着力促进先进制造业与现代服务业的融合发展。这意味着上海未来不单纯是服务经济功能的综合性发展，而是工业经济与服务经济立体功能的综合性发展。从动态角度讲，适应经济、科技、文化融合发展趋势，上海也需要经济功能与非经济功能网络连接的均衡发展。随着上海加快建设具有全球影响力的科技创新中心和国际文化大都市，在文化、艺术、科技、教育、城市治理等方面的国际交流和全球网络连接也已有较快增长，越来越多的国外机构和国际非政府组织进入上海，增强了上海网络连接功能综合性发展态势。

2. 高流动高战略性的全球城市。

全球城市的全球网络连接功能，主要表现为位置的战略性程度和网络的流动性程度。前者决定了全球城市配置全球资源的能级；后者决定了全球城市配置全球资源的规模。两者的组合，构成全球城市不同类型，即高流动高战略性的全球城市、高流动低战略性的全球城市、低流动高战略性的全球城市、低流动低战略性的全球城市。一些高度战略性的全球城市，由于集聚了更多关键性公司，有更多的总部功能，表明有更大的全球价值链的治理与管控功能，因而比低度战略性的全球城市有更多的资源配置的指挥权力。

一些高网络权力的全球城市,在网络中处于高中心度地位,其作为枢纽和门户具有更大流动性,并提供更多进入全球市场的服务,比低网络权力的全球城市在全球资源配置中发挥更重要作用。显然,高流动高战略性的全球城市,具有最强全球资源配置功能,并通过城市网络全面融入各个层面中。融入区域层面,通过其将各区域连接成为一个有机整体,进行高度的地区交流与合作,包括高度发达的资本、信息以及人力资源流动,与其毗邻的周边城市形成强大的内在联系,并全部整合在全球经济体系之中。融入国家层面,通过其将国内市场与国际市场连接起来,将国内更多的地区与城市融入经济全球化进程。融入全球层面,通过其将世界各地的城市连接成为网络化关系,成为新型世界体系的空间表达。

从目前发展基础以及发展态势看,上海在网络连接的位置战略性和流动性程度上已有相当出色的表现。一些实证研究表明,上海在战略性网络连接中排名第 11(见表 2.3)。从战略性办公室数量来说,上海达 23 个,只比纽约、伦敦少了 2 个,超过巴黎、香港、新加坡、东京等城市。当然,上海每一战略性办公室连接水平较低(261.70),与纽约(438.04)、伦敦(372.64)、新加坡(360.35)等有较大差距。如果进一步对战略网络连通性与全球网络连通性进行回归以及记录残差(进行标准化,0 为平均值和 1 的标准差),上海在平均值之上属于战略性高连接,排名第 19 位,排在东京之前。北

京虽然紧随其后列 22 位,但在平均值之下(-0.02),香港排名第 27
位,也为负数(-0.32)。这说明上海在全球网络连接中处于战略性
位置。

表 2.3　战略性网络连接

排名	城　市	战略性网络连接	办公室数量	每一办公室的连接
1	纽　约	10 951	25	438.04
2	伦　敦	9 316	25	372.64
3	芝加哥	7 629	24	317.88
4	巴　黎	7 023	22	319.23
5	香　港	6 744	20	337.20
6	旧金山	6 484	24	270.17
7	洛杉矶	6 325	23	275.00
8	悉　尼	6 219	18	345.50
9	新加坡	6 126	17	360.35
10	东　京	6 110	22	277.73
11	上　海	6 019	23	261.70
12	米　兰	5 731	19	301.63
13	法兰克福	5 613	20	280.65
14	北　京	5 581	22	253.68
15	莫斯科	5 201	17	305.94

資料来源:Taylor, P.J., Derudder, B., Faulconbridge, J., Hoyler, M. and
Ni, P., 2014, "Advanced Producer Service Firms as Strategic Networks,
Global Cities as Strategic Places", *Economic Geography*, 90(3), 267—291.

　　另一个表明战略性较高程度的指标是全球网络连通性的双城
连接情况。考察全球网络连通性前 20 名城市的前 40 个双联体情

况,结果表明上海有 8 个双联体城市伙伴,比排名第一的纽约少 2 个,比伦敦少 1 个,与香港持平,排名第 4。而且,上海的双联体连接中,更多的是全球网络连通性前 20 名的城市(11 个),包括伦敦和纽约。[21]这说明上海趋向于以一个更集中的城际连接模式构成其全球网络连通性,具有特别是与一些主要城市连接的特征,比一般融入网络中更具有战略性的地位。从 2000—2010 年间双联体连接性的变化态势看,上海处于动态增长,与纽约和伦敦的连接增长变化分别为 38.84% 和 37.91%,而伦敦与纽约之间的连接增长是下降的,为 −12.65%。

与此同时,上海的网络流动性程度也较高,连接比较广泛,流量规模也较大。但还存在一定的结构性缺陷。从点度中心度的内部结构看,上海目前主要是"入度"的中心度较高,也就是外面进来的全球公司、跨国公司带来的网络流动性程度较高;但"出度"的中心度偏低,也就是本国跨国公司到境外所带来的网络流动性程度较弱。这表明上海对海外跨国公司有很大吸引力,各种各样的机构纷纷集聚到上海;但缺乏对外的强大影响力和控制力。

从未来发展态势看,上海连接功能的流动性程度和位置战略性程度将进一步强化和提高,这主要是基于上海作为连接世界经济与中国经济的纽带和桥梁。一方面,随着世界经济重心东移和跨国公司供应链"近岸"布局的重大调整,跨国公司地区总部的战略重要性趋于增强,而上海已集聚了大量跨国公司地区总部无疑将提升其战略性位置程度。与此相配套,具有较大战略性价值的律师事务所、管理咨询公司等功能性机构也将加大在上海的集聚。另一方面,随着中国大国经济崛起以及中国"一带一路"建设推进,有更多中国企业"走出去"设点和海外并购,也将借助上海国际金融、贸易和航运中心以及科技创新中心的全球网络平台,把其总部功能转向上海,特别是中央国有企业很可能采取"双总部"策略,把市场运营的总部功能放置在上海。这些都将使上海与世界更多城市建立起网络连接,提高其流动性程度,同时大幅度提升上海位置战略性程度,强化与世界一流全球城市的连接,特别是与发达国家一流全球城市的紧密连接。

因此,从基于连接功能的类型划分看,上海未来全球城市演化将以高流动战略性全球城市为战略目标愿景,即以控制与服务全球资源流动与配置的中枢功能为核心,集广泛多样的全球资源大规模流动与配置平台为一体,通过集聚一大批具有控制与协调功能的跨国公司和全球公司总部,特别是本土的跨国公司和全球公司总部,在全球资源配置中引领和主导全球资本、信息、商务服务、高端专业人才等要素汇聚和流动,并成为全球创新思想、创意行为、创业模式的主要策源地,在全球治理和国际事务协调中发挥重大作用。

3. 枢纽门户型的全球城市。

全球城市的网络关联结构，主要表现为基于"接近中心度"的中心性位置和基于"中介中心度"的权力性位置。网络的接近中心度（即城市互相之间接近的距离）越高，表明更具枢纽型特征；网络的中介中心度（一个城市作为中介，有多少城市要由此进行流转的程度）越高，表明更具门户型特征。两者的组合，构成全球城市的不同类型，即枢纽型的全球城市、门户型的全球城市、枢纽门户型的全球城市等。枢纽型的全球城市表现为强大的集聚和扩散能力，形成大规模的经济流量，具有较强的对外部网络分享资源的能力，但它并非必经之路，资源要素也可选择通过其他枢纽进行流动，从而具有较小指挥和控制的权力性。门户型的全球城市由于其他城市资源流动须经由它方可进入世界市场，从而具有较强的对国外城市资源流动指挥和控制的能力，但其流量规模相对较小。显然，枢纽门户型的全球城市，同时具有这两种较强能力，对全球资源配置的作用力更大。

从目前发展状态看，上海不仅与亚太地区城市有广泛的连接，而且与欧美发达国家主要城市（纽约、伦敦等）有较强的连接，已形成大规模流量，特别是货物流、人流、资金流等，更具枢纽型城市特征。相对而言，门户（通道）作用还较小。特别是在全球空间尺度上，不像纽约、伦敦那样对国外城市资源流动具有较大指挥和控制权。这主要是由于上海目前还缺乏全球价值链管控功能以及基于"出度"的全球连接。当然，从国内空间尺度看，上海门户城市的特征还是比较明显的，已成为国内城市连接世界经济的重要通道之一，国内不少城市往往通过上海这一门户进入全球资源流动，从而有较大的影响力（权力）。从未来发展态势看，上海除了继续保持枢纽型的地位外，全球空间尺度上的门户型特征也将进一步提升。这一演化可能性将是有条件地予以实现。其中，有三个主要变量在起作用。（1）随着中国的跨国公司或全球公司的发展，特别是借助上海"走出去"，除进入欧美发达国家，还将进入非洲、拉丁美洲等发展中国家，特别是"一带一路"途经国家和地区进行海外投资。与这些国家原本不良连接的城市建立起新的连接，意味着专注于打造战略联系，将大大提升上海在关联结构中的高权力性，发挥全球门户的作用。（2）未来 30 年，一个新变化将是国内有相当一批城市进入全球城市行列，其与上海连接的性质也随之变化，从而将改变上海面向国内城市门户作用的性质，转换为更多面向全球的门户作用。事实上，纽约的全球性连接约有 60%—70% 是与美国国内的全球城市连接，从而凸显其全球门户作用。（3）最重要的是，人民币国际化，进而成为举足轻重的国际储备货币之一。上海建成与中国经济实力以及人民币国际地位相适应的国际金融中心，是以人民币产品为主导的全球性人民币产品创新、交易、定价和清算中心。未来

30年，一旦人民币与美元、欧元一并成为国际三大货币，在国际货币体系中形成三足鼎立之势，上海必将成为世界银行业和金融业别无选择的经由地之一，从而凸显上海作为全球门户的重要地位。

因此，从基于关联结构的类型划分看，上海未来全球城市演化趋向于以全球枢纽门户型城市为战略目标愿景。届时，上海作为高中心度枢纽型城市，既有大量直接连接，也有来自更遥远的间接连接，从而强力吸引各方资源要素汇聚，并有效扩散到世界其他地方。同时，上海作为"高权力"门户城市，又能将连接延伸到那些很少连接性的城市，使这些城市通过这一唯一的门户（通道）才接入世界城市网络，从而控制和影响网络中某些部分的要素流动。这意味着上海将作为全球化的主要前哨站，具有资源集聚/扩散以及资源流动控制的结构性优势，不仅为本城市中的行动者（如跨国公司、政治领袖、文化组织、社会运动）的战略和创新提供更大机会，而且为其他城市中的行动者进入全球市场提供更有效的路径。

上述从不同维度提出的上海全球城市目标愿景类型，有各自的特定含义和侧重点，但它们不是截然分开的，实际上有一定的交集或统一性。首先，它们都基于全球网络连接，作为关键性的网络节点。其次，它们均为各自全球城市类型演化的最高级别。这意味着它们在网络中对外连通的范围、频率、强度以及种类都是最强大的，在连接功能上的位置性和流动性处于高端，在网络关联结构上的中心性和权力性是最强的，从而所起的作用是最大的。再则，基于以上条件，它们都表现出对全球资源流动与配置的战略性功能作用，即影响和决定全球资源流动尺度、主要流向、配置重心、配置方式的功能。最后，与全球资源流动与配置战略性功能作用相配套，它们必定具有全球综合服务功能。从其统一性来看，在不同全球城市类型中能够同时达到最高能级的城市，必定是具有强大吸引力、创造力和竞争力的全球城市。

2.9　标准要求：全球城市的卓越标尺是什么？

上海要建设的全球城市，是卓越的全球城市，应该体现全球城市最新发展，代表全球城市最高水平发展。因此确定"卓越"的具体标尺，直接关系到我们按照什么标准来建设全球城市。

1. 具有全球资源流动与配置的广泛吸引力，影响和主导全球资源的流量及配置范围。

卓越的全球城市必定呈现高度全球网络连通性，具有强大的吸引力。这是其核心内涵和基本特性。这种高度的网络连通性，基于其高水平和全方位的开放互动，不仅带来生活在不同经济环境，具有不同文化、不同行为规范、不同处事方式的各类经济主体之间的互动,也带来更多经济主体之间的交流以及更为复杂和不确定的交流,从而成为一个城市进入全球城市网络和上升为主要节点城市的强有力成因。这种不断积累的过程,则导致了一个有利于提升城市网络节点稳定性的锁定机制。同时,高水平和全方位的开放互动,不仅带来大量近距离的交流或流动,更是促进远距离的交流或流动,这意味着更大范围和更大规模的资源要素流动与配置。因此,这也构成卓越全球城市拥有全球资源战略性配置功能的前提条件和明显标志。

上海迈向卓越的全球城市,必定表现出更为开放互动的连通性:(1)成为世界城市网络的关键性节点。这一节点趋向于全球取向的网络连接范围,不仅向发达国家和地区延伸,而且向广大发展中国家和地区延伸,特别是向"一带一路"的沿途国家和地区延伸。这一节点立足于战略性位置的网络连接,特别是与发达国家的卓越全球城市紧密联结。这一节点覆盖综合性的全球网络连接,不仅是投资、贸易、金融等方面的全球网络连接,而且也是科技、教育、体育、文化等方面的全球网络连接。这一节点具有相当密度和流动频率的网络连接,形成较大规模的流量。(2)成为中国及发展中国家连接世界的重要枢纽与关键门户。依托海港、空港及其集疏运体系和互联网的强大能力,提高通关便利化水平,成为货物、人员、信息高密度流动的集散中心。在"一带一路"建设中发挥支点作用,成为发展中国家企业进入全球市场的主要通道。通过增强上海对内对外两个扇面的辐射能力,发挥中国接轨世界和世界连接中国的重要中介角色,充当中国企业"走出去"的战略基地。(3)成为长三角全球城市区域发展的核心平台。通过全球城市空间扩展过程融入区域发展,在相互"借用规模"效应基础上,形成基于紧密网络联结的长三角全球城市区域或巨型城市区域,充分发挥同城效应,促进协同发展,引领长三角世界级城市群发展。

　　2. 具有全球资源流动与配置的内生创造力,影响和主导全球资源的流向及配置方式。

　　卓越的全球城市必定具有源源不断的内生创造力,呈现充满生机、欣欣向荣、蓬勃发展的繁荣景象。这是其内在的规定性和基本表征。这种繁荣发展基于其内在迸发和不断涌动的强大创新活力,通过不断推陈出新、新旧更替而超越商业周期性法则支配和基于产业生命周期支撑的局限,从而得以持续保持和实现新的飞跃。这种创新活力通常由选择环境变化所诱导,但更来自行为主体基于智力的活跃程度和创造力。激发行为主体的创新冲动和创造力发挥,需要富有挑战性的环境和崇尚和谐的氛围。这意味着要主动打破超稳态,制造失衡的危机感,创造更多的发展机会,让各种新奇不断普遍涌现,同时又有系统性的激励以及可行有效的协调,从创新无序走向创新有序。这种强大创新活力带来的不是生物学中的突变（类似于创新），而是持续不断的高速创新，具有不受限制的智力演化的特征；同样地，也不是一般对选择环境新变化作出被动反应的创新，而是基于城市心智演化对选择环境变化作出积极反应，并能主动改变其选择环境的创新。另外，这种强大创新活力表现在经济、科技、文化、社会、生态、政治等多领域的创新，市场、企业、社会组织、城市治理等多层次的创新，且相互作用、融为一体。

上海迈向卓越的全球城市，必定表现出更具创新活力的繁荣发展：(1)广泛而活跃的全球资源战略性配置。全球公司、跨国公司及种类功能性机构高度集聚，全方位、多层次功能性平台上密集开展全球交易，各类资源要素大规模全球流动，以及众多进入全球市场的机会和无缝衔接的服务得以提供。(2)全球科技创新策源和引领。具有联结广泛、高中心性的全球创新网络，基于全球流动的创新资源的高度集聚和有效配置，基于强大自主创新能力的广泛国际交流与合作，良好的科技创新环境和完善的科技服务体系；以及引领科技前沿的创新成果持续涌现，科技产业化应用富有成效。(3)全球多元文化交汇。国际文化交往广泛、密集，全球多元文化汇集与交融，文化传播力具有全球认同感，国家文化软实力充分展示，富有深厚的城市历史文化内涵，涌现一批具有国际影响力的城市文化地标，拥有兼具国际时尚与东方底蕴的城市文化形象。(4)全球治理倡导与推进。是中国参与全球治理的重要平台之一，各种国际组织和非政府组织办事机构集聚，包括世界城市日等重大事件活动的常设机构，具有正式和非正式对话机制，形成一些有国际影响力的世界性论坛、国际会议，开展一系列全球治理内容的重大活动。

3. 具有全球资源配置的高效竞争力，影响和主导全球资源的流速及配置效率。

卓越的全球城市必定在全球资源流动与配置中更具合理性和高效率，呈现强大的竞争力。这是其自身良好品质的集中表现。这种竞争力源自对以人为本、创新、和谐、合作共享、绿色等新发展理念的追求，代表着历史进步和文明发展，从而使其具有强大的生命力。这种竞争力立足于网络合作体系，注重互联互通的网络效应，强调多元主体共同参与和协同，是一种合作共赢中的竞争，有助于发挥促进包容发展、共同发展、和谐发展的正效应，从而使其更具可持续性。这种竞争力建立在城市集约、绿色、智慧、和谐、安全等一体化协调发展基础上，是城市综合实力和优化系统的集中反映，从而具有强劲的支撑力。

上海迈向卓越的全球城市，必定表现出强劲、高效的竞争力：(1)具有坚持新发展理念的强大竞争力。充分体现作为新一代文明的典型代表，在新技术、新产业、新业态、新模式等方面对全球其他城市的发展形成引领和示范能力，成为推动全球城市发展的模式示范者和经验传播者。(2)代表国家参与全球合作与竞争。更加注重基于全球网络化的发展,更加重视基于网络连接的城市群作用和区域发展的力量,占据全球价值链、创新链、创意链和治理链的高端环节和核心环节的管控,形成高能级的管控能力,对全球的经济、科技、文化、治理等活动形成高端话语权和规则制定权。(3)构筑协调发展的新兴城市形态。在网络化的基础上实现人与自然的和谐,成为高密度超大城市可持续发展的典型城市。通过信息化与城市化的高度融合,成为高效互联的智慧之城。通过打造更加便利舒适、充满关怀的人居环境,具有多元活力的环境品质,高效运作的公众参与、各方协商、多元复合的机制,成为不断增强居民幸福感、认同感和归属感的和谐城区。通过构建强有力的产权保护和人身财产安全保障,良好的社会治安与公共秩序,完备的城市生命线系统的风险防范能力、应急能力和恢复能力,成为保障有力的安全城市。

　　总之,全球城市处于动态演化之中,不断推陈出新,历经兴衰交替。一些全球城市因固步自封、陈旧保守、缺乏适应性和张力而落伍,在全球网络中的地位趋于下降,全球资源配置功能减弱。而卓越的全球城市则能顺应历史发展潮流,积极应对面临的各种挑战,不断开拓发展新路,保持良好的发展态势。因此,卓越的全球城市应该充分体现发展新理念和多样化最佳实践,将整个城市系统调整至和谐状态,将城市运行提高到高效状态,将城市环境改善成良好状态,促进城市的高质量发展和高品质生活,起到引领城市未来发展的示范作用。

【注释】

[1] Cerny, P.G., 1991, "The Limits of Deregulation: Transnational Interpenetrations and Policy Change", *European Journal of Political Research*, 19, 173—196.

[2] Derudderb, B., Taylor, P.J., Ni, P., De Vosa, A., Hoyler, M., Hanssens, H., Bassens, D., Huang, J., Witlox, F., Shen, W. and Yang, X., 2010, "Pathways of Change: Shifting Connectivities in the World City Network, 2000—2008", *Urban Studies*, 47(9), 1861—1877.

[3] Beaverstock, J.V., Beaverstock, J.V., Hoyler, M., Hoyler, M., Pain, K. and Taylor, P.J., 2001, "Comparing London and Frankfurt as World Cities: A Relational Study of Contemporary Urban Change", Anglo-German Foundation, London.

[4] Taylor, P.J. and Aranya, R., 2006, "Connectivity and City Revival", *Town & Country Planning*, vol.75, 309—314.

[5] E7 即"Groups of Emerging 7",包括巴西、中国、印度、印度尼西亚、墨西哥、俄罗斯和土耳其。

[6] "灵猫六国"即指哥伦比亚、印度尼西亚、越南、埃及、土耳其和南非。

[7] "金钻11国"即指墨西哥、印度尼西亚、尼日利亚、韩国、越南、土耳

其、菲律宾、埃及、巴基斯坦、伊朗和孟加拉国。

［8］ "薄荷四国"即指墨西哥、印度尼西亚、尼日利亚、土耳其。

［9］ Auslin, M.R., 2017, *The End of the Asian Century：War, Stagnation, and the Riske to the World's Most Dynamic Region*, Yale University Press.

［10］ Lee, E.K.S., Zhao, S.X., Xie, Y., 2012, "Command and Control Cities in Global Space-Economy before and after 2008 Geo-Economic Transition", *Chinese Geographical Science*, 22 (3), 334—342.

［11］ Derudder, B., Hoyler, M. and Taylor, P. J., 2011, "Goodbye Reykjavik：International Banking Centres and the Global Financial Crisis", *Area*, 43(2), 173—182.

［12］ Lin, G. S. C., 2004, "The Chinese Globalizing Cities：National Centres of Globalization and Urban Transformation", *Progress in Planning*, 61(3), 143—157.

［13］ Hill, R.C. and Fujita, K., 1995, "Osaka's Tokyo Problem", *International Journal of Urban and Regional Research*, 19 (2), 181—193.

［14］ Panagariya, A., 2008, *India：The Emerging Giant*, Oxford University Press, Oxford.

［15］ Halbert, L. and Pain, K., 2009, "PAR-LON-Doing Business in Knowledge-Based Services in Paris and London：A Tale of One City?", GaWC Research Bulletin, No.307, http://www.lboro.ac.uk/gawc/rb/rb307.tml.

［16］ Yusuf, S. and Wu, W., 2002, "Pathways to a World City：Shanghai Rising in an Era of Globalisation", *Urban Studies*, 39, 1213—1240.

[17] Wei, B.P.-T., 1987, *Shanghai: Crucible of Modern China*, Hong Kong: Oxford University Press.

[18] Taylor, P.J., 2006, "Shanghai, Hong Kong, Taipei and Beijing within the World City Network: Positions, Trends and Prospects", http://www.lboro.ac.uk/gawc/rb/rb204, html.

[19] Taylor, P.J., et al., 2014, "City-Dyad Analyses of China's Integration into the World City Network", *Urban Studies*, 51(5), 868—882.

[20] Taylor, P.J., 2011, "Advanced Producer Service Centres in the World Economy", in Taylor, P.J., Ni, P., Derudder, B., Hoyler, M., Huang, J. and Witlox, F.(eds.), *Global Urban Analysis: A Survey of Cities in Globalization*, London: Earthscan, 22—39.

[21] Taylor P. J. et al., 2014, "City-Dyad Analyses of China's Integration into the World City Network", *Urban Studies*, 51(5), 868—882.

3

建设卓越的全球城市如何破题？

　　建设卓越的全球城市，是上海面向未来的战略新目标，也是上海发展面临的一个时代新命题。尽管这是一个相当长且充满各种不确定性的过程，需要付出巨大的不懈努力，但千里之行始于足下，要朝着战略新目标出发。这一新征程的起步，能否找准方向与踩在点上，对今后建设卓越全球城市的进程有十分重大的影响。因此，准确破题，迈出建设卓越全球城市的坚实步伐，是成当务之急。

3.1 战略新目标:一个时代新命题?

上海建设卓越全球城市的战略新目标,即 2035 年基本建成卓越的全球城市,2050 年全面建成卓越的全球城市,是在新的历史条件下,顺应全球化与信息化潮流,服务于实现中华民族伟大复兴"中国梦"的宏伟目标,跻身于世界一流全球城市行列而提出来的战略定位。这里首先提出的一个问题是:与上海过去 20 年建设"四个中心"和现代化国际大都市有何不同? 或者说仅仅是过去目标的延续,还是赋有时代新内涵的新目标?

为此,我们有必要作一历史回顾与比较。20 年之前,经过"迈向 21 世纪的上海"发展战略研究和大讨论,在国务院批复的《上海城市总体规划(2000—2020 年)》中,明确了上海建设"四个中心"和现代化国际大都市的战略目标。应该讲,这是在当时历史背景条件下适应国家发展战略需要的目标定位。2000 年前后,正值经济全球化快速发展之际,跨国公司蓬勃发展,形成全球产业链的密集布局,国际产业转移加速,国际投资和贸易迅速增长,世界经济形成"技术国—资源国—生产国"三极大循环的基本分工格局。与此同时,世界经济增长重心正在向亚太地区转移,成为全球产业链的重点布局地区,促进了大量国际资本及生产要素流入与集聚。为此,一些国家和地区的主要城市纷纷争夺亚太营运中心地位。中国经过前 20 年的改革开放，正在成为亚太地区经济增长最快、经济动力最强、经济潜力最大、经济发展最具活力的国家之一，且具有巨大的市场规模、丰裕的人力资源等优势，对国际资本及生产要素具有强大吸引力。并且，中国积极准备加入 WTO，主动并更大规模融入经济全球化进程。在这种历史背景下，上海建设"四个中心"和现代化国际大都市，主要是作为一个国际经济中心城市发挥资源集聚与辐射的功能，成为连接国内经济与国际经济的重要桥梁，充分发挥利用"两个市场、两种资源"的作用，适应"两头在外，大进大出"的出口导向发展战略要求，从而促进中国参与国际产业分工及获取全球化红利。

今天，世界经济发生深刻变化，全球投资贸易格局发生重大变革，并将在未来 30 年进一步延续和发展。2008 年全球金融危机后，原有基于"技术国—资源国—生产国"分工循环的世界经济平衡被打破，各主要国家纷纷在"再工业化""制造回归""工业 4.0""启动内需"等调整中寻求新的再平衡。跨国公司纷纷调整全球产业链布局策略，从"离岸"布局主导转向"近岸"布局主导，实行产业链收缩，形成以大陆（洲）为主的供应链。由此，双边或区域性投资贸易协定谈判风生水起，并对投资贸易提出了更高标准的规则，以及要求对多边体系的 WTO 规则进行改革，使全球化走向更复杂、更多元、更深度的进程。与此同时，新兴经济体迅速崛起并已成为世界经济增长重要一极,世界经济重心继续东移的势头不减,亚太地区仍然保持着良好的经济成长性,使世界经济格局发生重大变化以及全球治理结构的变革。中国经过 40 年的改革开放和发展,已成为世界第二大经济体,并在经济全球化中占据了产品数量的优势,成为世界经济增长重要引擎之一,对世界经济增长的贡献度持续增强。中国不仅已成为经济全球化的主要参与者,而且提出和实施"一带一路"人类伟大工程建设,也日益成为经济全球化的重要引领者之一。在亚太地区,中国已经成为主要经济集成国,并具有潜在的市场规模、齐全的产业配套能力、良好的基础设施等优势,将成为跨国公司在该地区"近岸"布局的首选之地及产业链掌控功能的锚定点。在这种新的历史背景下,上海建设卓越的全球城市,成为全球网络中的核心节点,充分发挥全球资源配置功能,代表国家参与全球合作与竞争,是为了适应中国日益走近世界舞台中心的战略需要。

因此,上海建设卓越全球城市,是面向新时代、肩负新使命、开辟新征程的战略新目标。当然,这一战略新目标是在原有基础上提出来的,与原有的目标定位有密切关系。从这一意义上讲,是过去"四个中心"和现代化国际大都市建设的一个升级版。但它并不是简单延续"四个中心"和现代化国际大都市的建设,而是一个具有特定内容的时代新命题,必须实现一系列根本性的转变。

1. 新内涵:从国际中心城市转向全球网络核心节点城市。过去建设"四个中心"和现代化国际大都市,是将其作为一个中心城市打造的,即一种贸易场所、港口、金融中心或工业中心的角色,其核心是突出国际经济中心城市的构架。这源于传统城市学中心空间分布理论,强调的是"中心地"概念。这种中心城市基于地理边界的"地点空间"(space of place),具有连接物理性地域上有明显连续性的广大腹地。与此不同,全球城市内生于世界城市网络之中,作为网络中的主要节点城市。这一"节点"的概念,意味着有强大的非本地关系,城市之间建立顺畅的内部联系并持续地相互作用。全球城市不单纯立足于地点空间,更是作为"网络节点"的流动空间(space of flows),表现为与其他城市更广泛而更密集的相互作用上。因此,建设卓越的全球城市,是要立足于构建全球城市网络中核心节点城市构架,强调城市间弹性与互补关系、水平通达性、双向流动、信息成本依赖等。

2. 新功能:从集散、生产等主要经济功能转向全球资源配置的多元融合发展功能。过去建设"四个中心"和现代化国际大都市,注重于国际经济、金融、贸易、航运中心的经济性功能,主要集中于经济领域建设。而且,主要强调培育服务全国、面向世界的集散功能,成为商品和要素流动的中心;充分利用现有的工业基础,从数量的扩张转向质量的提高,着重强化技术创新、产品开发和加工制造功能。其他的管理功能、服务功能及创新功能，主要是为集散、生产功能配套的。与此不同，全球城市是经济、政治、科技、文化等全球化的原因和结果，具有多重维度和多元功能。建设卓越的全球城市，要注重于培育经济、科技、文化融合发展的多元性功能，涉及经济、科技、文化诸多领域的全面建设。因此在原有"四个中心"基础上，要增加建设具有全球影响力的科技创新中心，形成全球科技创新策源功能。目前，全球创新网络将成为全球生产网络之外连接全球的全新网络体系，形成经济要素与创新要素"双重网络叠加"的格局。上海要成为全球创新网络的主要节点，通过建立更广泛的对外交流与互动的平台，发挥其与外界创新资源交流、交互及其诱导有效配置的作用。另外，现代社会中，城市成为文化传播的主要空间，全球城市在文化传播中的融汇引领作用更为突出，尤其成为卓越、一流全球城市的必备功能。上海建设卓越的全球城市，必须增强全球文化融汇引领功能，体现全球城市对"文化繁荣是发展的最高目标"的追求，并反映在全球城市具有鲜明的文化特征以及文化品格的共性上。这种全球文化融汇引领功能，具体表现在文化汇聚力、文化交融力、文化创造力、文化影响力等方面。更为主要的，是把经济、科技、文化融合发展集中于培育和增强基于网络流动与交互的全球资源配置功能上。这种配置功能强调的不是资源吸纳，也不是单纯作为"码头"的资源集散，而是对资源要素进行重新组合（创新),既可对流经此地的资源要素进行配置,也可以通过网络流动在别处进行配置。

3. 新模式:从吸纳型低水平存量扩张转向流动型高配置价值增值。过去建设"四个中心"和现代化国际大都市,中心城市的集聚更像一个"黑洞",大量吸纳外部资源要素的单向流动,而其扩散效应有限,更多是基于梯度转移的低能级扩散,呈现明显的不对称性。而且,通过外部资源的大量吸纳,以粗放型方式进行加工制造和配置,在中心地以物质资本及财富形式沉淀下来和实行积累,并在这一循环中不断促进低水平存量扩张。这种大量物质资源和资本的投入势必导致边际产出收益递减。因此,这种发展模式注重于依靠它所拥有的(如独特的区位、各种基础设施、经济实力等)来获得和积累财富、控制和权力。通常采用经济实力、市场规模、竞争力等指标来静态衡量其城市功能。与此不同,全球城市作为网络中的一个核心节点,其本质属性就是外部网络连通性。从这一意义上讲,全球城市获得和积累财富、控制和权力,依靠的不是它所拥有的东西,而是流经它的东西。通常采用网络的流动水平、频繁程度和密集程度等连通性指标来动态衡量。建设卓越的全球城市,更着重于其外部连通性特征及其功能,通过全球功能性机构集聚及其对全球价值链的掌控,在基于网络的全球资源流动中实行有效配置,从中获取高附加值的收益,并在这一大规模流量循环中更多依靠科学技术研发、人力资源(教育与健康)改善、营商环境改善、精细化管理、人文环境和生态环境优化等软投入,从而带来边际产出收益递增效应,促进城市可持续发展。这是一种高质量发展和高品质生活的全新模式。

4. 新空间结构:从等级空间结构转向网络空间结构。过去建设"四个中心"和现代化国际大都市,实际上基于"中心—外围"的等级空间结构,把长三角地区作为上海这一中心的腹地(外围)。尽管进行了多年的长三角区域合作,并取得了相应成效,但这种等级空间结构本质上是一种对空间的零和博弈的竞争关系,上海这一中心难以融入长三角一体化发展。与此不同,全球城市基于全球网络空间结构,正在改变与其国内及地区内其他城市之间的关系,特别像纽约、伦敦、东京这样的全球城市,正通过城市网络全面融入区域、国家和全球经济的各个层面,寓于全球城市区域发展之中。建设卓越的全球城市,其中一个重要方面就是通过基于平等关系的网络空间结构,形成一种"非零和"博弈的高度地区交流与合作,包括高度发达的资本、信息以及人力资源流动,与其毗邻的周边城市形成强大的内在联系,并全部整合在全球经济体系之中。同时,全球城市通过区域"借用规模"效应,有效疏解非核心功能,优化核心功能,与区域内城市间形成水平分工协同,实现其空间扩展(全球城市区域或巨型城市区域)。

3.2 新旧过程如何过渡与衔接?

　　既然建设卓越的全球城市是一个不同于以往的时代新命题,那么就有一个新旧过程的过渡与衔接问题。如何实行过渡与衔接?这是值得我们深入思考的问题。概括起来,无非有三种方式:一是基于路径依赖的提升,即在原有"四个中心"建设框架下进行深化;二是另辟蹊径的开创,即撇开原有建设框架的"重起炉灶";三是路径转换的更新,即改造原有建设框架,使之适应建设卓越全球城市的要求。

　　首先必须承认,卓越的全球城市并非凭空构造,是存在路径依赖的。尽管建设卓越的全球城市与过去建设"四个中心"有本质性区别,但仍需要从原有基础出发,并借助于"四个中心"建设取得的辉煌成果。某种意义上,这种路径依赖是我们建设卓越全球城市的主要约束条件之一,在一定程度上限定了我们选择未来发展路径的可能性范围。更为重要的是,过去的"四个中心"和现代化国际大都市建设与今天的卓越全球城市建设之间有着内在贯通性。尽管"四个中心"建设集中在经济功能方面,而全球城市则具有全球资源配置的多元性功能,但经济功能仍然是卓越全球城市的主要构件之一,是其需要进一步提升的基础性主要功能。因此,撇开路径依赖而所谓的另辟蹊径,势必造成新旧过程之间的断裂,不利于实行有效过渡与衔接。

　　然而,正如前面阐述的,建设卓越全球城市具有不同于以往的新内涵、新功能、新模式、新空间结构,是难以在过去"四个中心"建设的构架和层面上实施的。全球城市建设增加的科技、文化等新内涵与新功能,并不是在过去"四个中心"上简单叠加,从而在原有构架里变为"五个中心"和国际文化大都市建设。其核心是经济、科技、文化融合发展,增强全球资源配置功能,这就需要有一个新的建设构架并提升到一个更高的层面。如果仍然停留在过去的建设构架和层面上,实际上是被路径依赖"锁定",新酒装在旧瓶里,必将使全球城市建设受到极大束缚。因此,也不能采取基于路径依赖的提升方式实行过渡与衔接。

　　实行新旧过程的有效过渡与衔接,宜采取路径转换的更新方式。这种路径转换,既从路径依赖中而来,又不在路径依赖"锁定"之中,而是转向一种新的路径。它不是完全抛开原有建设构架,也不是在原有构架中进行修缮与优化,而是在转型的基础上实行构架再造与重塑。它不是完全撇开原有功能,也不是在原有功能上简单叠加新功能,而是在功能转换的基础上实行新旧功能系统集成。它不是在全新基础上塑造新的功能,也不是在原有基础上挖掘功能潜力的线性提升,而是在动力、质量、效率变革的基础上实行能级跃升。具体讲:

1. 按照"全球城市 3.0 版",在"四个中心"建设基础上增加科技、文化的新内涵与新功能,并通过促进经济、科技、文化融合发展实行新旧功能系统集成,使经济、科技、文化等功能之间具有内在关联性,相互渗透、相互促进。这将形成全球城市所要求的整体功能,即统一内化为全球资源配置功能。否则,就会出现各个中心建设相互断裂、各行其是、严重脱节、发展不平衡的局面,难以形成增强全球资源配置功能的合力。

2. 按照凸显与强化全球城市核心功能的要求,实行建设构架再造与重塑,增强全球资源配置能力。过去"四个中心"强调集聚与扩散功能,在要素沉淀中实现自身财富积累。支撑其功能的基本构架是:可带来产值、税收的大企业集聚,适应市场运作的基础设施,大规模的存量积累,基于产能的生产实力,差别化的标准与规则等。全球城市则强调面向地区、国家、全球不同空间尺度的流动,在要素流动中实现资源有效配置。支撑其功能的基本构架是:全球功能性机构(公司)大量集聚,有效运作的大平台,大规模流量,创新、创业活力,"全球村"标准与规则等。因此,要对原有构架进行根本性改造,使其适应全球资源配置功能的要求。

3. 按照建设卓越全球城市的标准与要求,通过构建现代化经济体系,促进高质量发展和高品质生活,以提升城市能级和核心竞争力。参照国外卓越全球城市的高标准和高水平,目前上海"五个中心"和国际文化大都市的能级水平欠高，缺乏核心竞争力。然而，在原有发展模式下，更多依靠大量投入来促进规模扩张与外延发展，增长动力趋于减弱，边际收益逐步递减，全要素生产率趋于下降，难以提升城市能级和核心竞争力。因此，必须转变发展模式，实行动力变革、质量变革、效率变革，在新的发展路径上实现城市能级和核心竞争力提升。

3.3　为何重在提升城市能级和核心竞争力？

建设卓越的全球城市，作为一种路径转换，必须实行构架再造及升级，这是一项系统工程。在实际操作中，往往是千头万绪，顾此及彼，需要找到一个切入点，抓住核心要害，纲举目张。从目前情况看，关键是要解决城市核心功能发展不充分、能级水平不高、核心竞争力不强等问题。

上海虽然具有较强吸引力，已集聚了大量全球功能性机构（公司），形成了较高的全球网络连通性水平，但尚未真正成为服务中国企业"走出去"和连接"一带一路"的"桥头堡"，对外"出度"连接程度较低，从而缺乏强大的影响力与控制力。经过多年结构调整，上海已形成服务经济主导的产业结构，服务业占比达70%以上，但先进生产者服务业功能尚不强劲，其服务半径覆盖面有限，特别是较少全球性覆盖。上海经济规模和容量已有很大增长，中心城区也有较大空间扩展，但集约化程度不高，经济密度偏低，地均经济活动量和产出水平均较低。

上海虽然已形成门类齐全的金融市场体系，并集聚了大量中外金融机构，但传统业务居多，金融工具和产品单一，业务范围有限。尽管一些金融市场的交易规模庞大，交易也较活跃，但还不具有定价权。另外，还存在金融资源错配、金融风险较大等问题。

上海虽然已具有相当大的交易规模，但仍以货物贸易为主，服务贸易、技术贸易的数量较少；服务贸易虽在国内占较大比重，但仍以传统服务贸易为主，新兴服务贸易比重偏低。上海已经成为具有较大规模和影响力的订单、展示、仓储物流中心，但交易的结算、清算等高端功能仍较为缺乏。

上海的港口运输，特别是集装箱和干散货吞吐量规模等已居于世界首位，但航运服务仍处于低水平发展层次，尤其是海事法律服务和航运金融服务不足，缺乏航运服务竞争力。据统计，上海4 000多家航运企业，多为物流和货代等基础性服务企业，从事高端服务功能的企业甚少。上海已成为全球首个集装箱年吞吐量突破4 000万标准箱的港口，但国际中转箱量并不多。上海已成为全球第5个航空客运量过亿的城市，但国际旅客中转仅占全部旅客的 8%。

上海正在建设具有全球影响力的科创中心，布局了国家综合科学中心、若干科创承载区、G60科技走廊以及众创空间等，科技创新成果增长迅速，每万人口发明专利拥有量已达到40.2件，但与科技创新策源功能的要求还相去甚远，尚未成为全球科创资源网络的枢纽，尚未形成全球科创资源配置功能。

上海建设，国际文化大都市已具备相应的各类文化硬件设施，并拥有各种日益具有影响力的国际文化艺术节庆，吸引和集聚了大量全球文化艺术团体和人员来沪交流与演出，显现了国际文化"大码头"的功能，但缺乏自身的国际文化地标及文化经典，对外显示度还不够明显，对外影响力还不够大。

此外，还有上述各方面功能的发展结构不平衡问题，特别是文化大都市、科技创新中心等方面功能明显弱于经济功能，从而将影响和制约城市能级水平。再进一步讲，还有一个经济、科技、文化三者融合发展问题。目前还是比较恪守传统的功能边界划分，三者处于各自发展的局面，缺少大量的跨界或者是边界模糊的创造创意活动，难以实现科技、金融、文化的深度融合。

从更宽泛角度讲，在城市总体发展方面，同样存在能级水平欠高的问题。上海城市建设的"硬件"条件已相当现代化，为全球城市的高端功能提供了较好基础，但在人力资本、文化创新、服务水平、生态环境、城市形象等软实力方面，还不足以构成高端功能的有机组成部分。另外，尽管上海自贸试验区的制度创新对优化营商环境起了积极作用，但在市场准入、竞争中性、监管、税制、法制等营商环境方面，与最高标准的国际惯例相比，尚有较大差距，还不足以支撑全球城市的高端功能。虽然上海的城市管理比较有序，但现代化的治理体系和治理能力尚未真正成型和成熟，政府职能转变有待深化，公众参与度有待进一步提高，社会组织有待发育成长。虽然上海已从"单中心"转向"多中心、多核"的空间结构，但郊区新城之间及其与中心城区之间尚未网络化，郊区乡村发展严重滞后。上海的城市区域能级也不够高，仍有不少局限于行政边界的痕迹，融入长三角更高质量一体化并发挥龙头作用的程度还达不到高水平。并且，上海对全球事务的参与程度还不是很高，集聚的国际组织不多，有全球影响的大事件、重大活动相对较少，在参与全球治理过程中的作用、地位、影响力较小。

上海建设卓越的全球城市，主要不在于功能齐全，而重在高端能级；主要不在于功能综合性强，而重在核心竞争力及其特色。只有提升城市能级和核心竞争力，才有利于增强高端资源配置能力，符合卓越全球城市的目标定位。

随着人民币国际化进程加快及人民币在国际支付中的地位迅速上升，增强人民币在岸、离岸金融功能，使人民币交易、结算、创新等功能越来越成为上海建设国际金融中心的核心内容；加强服务实体经济的金融产品、金融工具的创新，强化资本和财富管理功能；营造良好的金融生态环境，大力发展科技金融、绿色金融等新金融。

随着投资主导贸易、全球价值链"近岸"布局调整，以及服务贸易、技术贸易、信息与数据贸易快速发展的世界投资贸易格局变动，制度设计上率先与国际接轨，按照高标准投资要求营造良好投资环境，进一步增加吸引外资的能力，促进贸易发展；强化投资贸易功能，特别是增强促进中国企业"走出去"的桥头堡功能；继续深度开放服务领域，扩大服务贸易、技术贸易、信息与数据贸易的规模，促进服务贸易升级。

随着航空日益成为第五冲击波，远洋运输趋于相对稳定，邮轮经济兴起的世界航运格局变化，扩大航空运输容量，进一步开放航权，增强航空运输能力，加快航空枢纽建设；加大航运服务发展力度，创新和深化航运服务，提供更高质量、更多样化的新服务，强化全球航运资源配置能力；加快邮轮母港建设，开辟远洋邮轮航线，拓展邮轮服务经济。

随着国际分工逐渐以全球价值链管理为主导，产业深度融合发展，日益突出新型产业体系功能属性的新变化，加大集聚全球功能性机构，增强全球价值链掌控功能；更加突出基于信息化、智能化、物联化的产业融合发展，大力促进发展"四新"经济；打造各种功能性平台，培育发展供应集成商、资源集成商、创新集成商等机构，提升高效率与高附加值的高端功能，增强新技术、新业态和新型商业模式的引领功能，强化综合配套与系统集成的服务功能。

上海建设具有全球影响力的科技创新中心，要作为全球科技创新网络的核心节点，以更为开放灵活的方式及路径实现动态化、空间跳跃式、模块化、并行式、交叉式的科技创新。要以价值链为纽带，高度集聚创新资源，形成创新集群化与扩散化态势，在空间分布上呈现"小集聚、大分散""交织型、嵌入式"格局，促进"大学校区、科技园区、公共社区、城市街区"融合、空间重合和功能综合的发展，构建以"硅巷""硅盘"为特色的创新城市模式。

上海建设国际文化大都市，要基于全球文化网络并通过网络传递与扩散实现文化融汇引领功能，不仅要有自身的文化特色，还要在文化交流中提高自己的国际知名度，并最终成为重要的文化策源地。

因此，提升城市能级和核心竞争力是建设卓越全球城市的重要切入点，并将成为上海未来一个发展阶段各项工作的"纲"。围绕这一"纲"开展"五个中心"和国际文化大都市建设，优化营商环境，打响"四大品牌"，实行城市精细化管理，推进长三角更高质量一体化发展等，才能聚焦在一个共同点上和上升到相同层面，才能在各项具体工作中找到统一的标准要求，才能使各项具体工作有机结合、融为一体。否则，各项具体工作之间就会显得互不关联、杂乱无章，各项具体工作的层面与要求显得参差不齐、标准各异，各项具体工作的"调门"与"鼓点"显得噪音泛起、相互干扰。

3.4　行动策略："拉长板"还是"补短板"？

前面分析已指出，全球城市与一般城市根本的不同点，在于其特定的全球资源配置功能。提升城市能级和核心竞争力，必须聚焦于全球城市核心功能的培育和发展。这是建设卓越全球城市的核心任务。问题在于，培育和发展这种全球城市的特定功能，应该采取什么样的行动策略？

上海建设卓越的全球城市，显然是一个很高的站位，自然而然会引发人们对城市功能的高标准要求。其潜意识是：作为卓越的全球城市，应该在城市功能各方面比别人更好。受传统管理学"短板"理论的深刻影响，人们通常认为要通过"补短板"来增强整体城市功能。这是对卓越全球城市的一种误解。事实上，全球城市，即便像纽约、伦敦、东京等综合性城市，也不是全能城市，更不是城市功能各个方面都优于他人的超能城市。犹如一个人的手指有长短，全球城市也同样如此。通常，全球城市的服务功能很强大，但生产功能相对较弱。如果进行横向比较,全球城市的全球资源配置功能是别人难以企及的强项,但在生态功能、宜居功能等方面可能不及他人。而且,全球城市的强项与弱项之间有内在关联,其组合是有机生成的。例如,全球城市的全球资源配置功能势必导致高流动性、高密度化、快速节奏、高生活成本、高社会极化、高风险隐患等,从而难以成为最高水平的宜居舒适、绿色生态的城市。从这一意义上讲,全球城市的功能强项内在规定了其他的功能弱项。显然,如果强行"补短板",减少流动性、降低生活成本、提高宜居程度等,则会削弱其全球资源配置核心功能。

因此,我们不能把卓越的全球城市作为一种全能城市或超能城市来建设,并用基于"木桶"原理的补短板方式来达到"全能"或"超能"水平。这只会在补短板中迷失自我,并不能培育和发展出全球城市的独特功能。从根本上讲,建设卓越的全球城市,必须聚焦其核心功能的"拉长板",即着力于构建全球城市的"四梁八柱",力争把核心功能做大做强,做到极致,形成核心竞争力。当然,核心功能的"拉长板",并不意味着其他城市功能或非核心功能不重要,可以置之不顾乃至削弱。城市作为一个有机体,其各项功能之间是内在关联的,并协同作用的。其中任何一项功能都是重要的、必不可少的。缺少某些功能,势必会影响和制约其他功能的发挥。对于全球城市来说,其全球资源配置的核心功能,同样需要其他功能的配合与支撑。但这里有一个"度"的把握，要以是否影响和制约全球资源配置功能发挥为标准。只有在影响和制约全球资源配置功能发挥的情况下，其他城市功能才需要"补短板"，使其能够适应全球资源配置功能发挥的要求。例如，一个城市的生态、宜居、社会共治共享等功能太差，直接影响到对机构（公司）及其专业人员的吸引力，就必须"补短板"。在其他城市功能还能支撑其核心功能发挥的情况下，尽管其水平可能不及其他城市，也不宜视为必须补的"短板"。总之，要以全球城市核心功能"拉长板"为主导，协调和增强其他城市功能发展，而不能本末倒置。

在建设卓越全球城市过程中，核心功能"拉长板"，不是随机事件，也不是权宜之计，而应该成为一种基本行动策略。（1）它有助于我们坚持发展方向，沿着增强全球城市核心功能的既定轨道不断向前推进，始终围绕提升城市能级和核心竞争力的重点开展各项工作，并集中有限资源用在最为关键的地方，解决最为核心的问题，获得收益最大化。（2）它有助于我们扬长避短，充分发挥比较优势，形成别人难以模仿复制的特色，并将其转化为别人无法替代的竞争优势。（3）它有助于我们较快形成和增强全球资源配置功能，适应和满足中国综合实力迅速崛起和日益走近世界舞台中心的战略需要，代表国家参与全球竞争与合作，在中国参与和引领全球化进程中发挥重大作用。

专栏 3.1 "补短板"与"拉长板"的理论基础

"补短板"的理论基础木桶原理。意思说由多块木板构成的水桶,价值在于其盛水量的多少,但决定木桶盛水量多少的关键因素不是最长的板块,而是最短的板块。该短板就成了这个木桶盛水量的"限制因素"(或称"短板效应"),往往决定其整体水平。若要使此木桶盛水量增加,只有换掉短板或将其加长才行。

"拉长板"似乎没有专门相对应的理论,其理论基础应该是多元的。一是大卫·李嘉图提出的比较优势原理。在分工专业化基础上强调扬长避短,"两利相权取其重,两害相权取其轻"。二是普拉哈拉德和哈默尔提出的核心竞争力原理。如果想从各个方面都获得竞争优势,而资源又不允许,面面俱到的全线出击就会陷入捉襟见肘的境地。莫不如将有限的资源集中于最重要的价值和核心利益,形成独树一帜、难以被竞争对手所模仿和替代,且延展到更广泛领域的能力。只有从核心竞争力出发多元化发展,才能在激烈的竞争中立于不败之地。三是互联网经济"赢者通吃"原理。随着移动互联、万物互联、人工智能等新技术日益打破地域、时间、场景的更多限制,使得赢者在越来越广的范围内能够通吃。因为对同类商品(包括服务性商品),用户只选择最好的,从而优胜者占了所有的好处。然后,出现马太效应,强者恒强,让其他的同类无法与它竞争。

作者把"拉长板"的综合理论归纳为：在专业化基础上找出长板，集中资源打造具有核心竞争力的长板，并把长板做大、做强、做到极致。

资料来源：作者整理编写。

3.5　如何构建卓越全球城市的经济体系？

建设卓越的全球城市，提升城市能级和核心竞争力，原有的经济体系已显得不相适应，必须加以再造和重塑。这是一项基础性的工程。这就迫切要求我们贯彻创新、协调、绿色、开放、共享的新发展理念，建设与卓越全球城市发展相适应的现代化经济体系，以实现更高质量、更有效率、更加公平、更可持续的发展，增强全球资源配置的核心功能。

这种现代化经济体系建设，既要着眼于世界潮流和全球发展大趋势，具有鲜明的时代特征；又要立足于中国社会主义初级阶段及社会主要矛盾历史性变化和发展阶段转换的实际情况，具有鲜明的中国特色；还要根据上海建设卓越全球城市的战略定位及其发展的需要，具有鲜明的上海特点。因此，这一现代化经济体系具有丰富的内涵及其特点。

在这一现代化经济体系中,以质量第一、效益优先、功能优化为核心内容和基本指导原则。质量第一,就要把提高发展质量作为主攻方向。效益优先,就要把提高全要素生产率作为关键环节。功能优化,就要把提升城市能级和核心竞争力作为重点。通过推动城市发展质量变革、效率变革、功能变革,显著增强上海全球资源配置的竞争优势。

在这一现代化经济体系中,以实体经济、科技创新、现代金融、人力资源协同发展的产业体系为基本骨架。这里所讲的产业体系,不是人们通常所说的产业部门间的结构体系,而是经济运行中的产业体系,从而侧重于产业要素组合之间的协同发展关系。对于上海建设卓越的全球城市来说,作为发展着力点的实体经济,更多体现为总部经济、平台经济和流量经济等;作为引领发展第一动力的科技创新,更多体现为基于全球创新网络的创新策源功能;作为发展润滑剂的现代金融,更多体现为服务全球资源配置的能力;作为发展主体的人力资源,更多体现为拥有一大批具有国际水平的战略企业家、科技领军人才、专业知识人才和技能型劳动者大军。由此构成并协同发展的产业体系,才能适应建设卓越全球城市的要求。

在这一现代化经济体系中,以市场机制有效、微观主体有活力、宏观调控有度的经济体制为运行基础。上海建设卓越的全球城市,增强全球资源配置的核心功能,立足于有效的市场机制是基本前提。通过完整的市场体系和统一市场,公平竞争的市场环境,规范的市场秩序,完善的市场监管体制,促进要素自由流动、价格反应灵活、竞争公平有序、企业优胜劣汰,才能充分发挥市场机制配置资源的决定性作用,实现全球资源的有效配置。上海建设卓越的全球城市,增强全球资源配置的核心功能,依靠具有创新创业活力的微观主体是关键。通过全面实施市场准入负面清单制度,清理废除妨碍统一市场和公平竞争的各种规定和做法,实现产权有效激励,激发各类市场主体活力,积极开展和从事全球业务,从而使全球资源配置得以实现。上海建设卓越的全球城市,增强全球资源配置的核心功能,有度的宏观调控是重要条件。通过创新和完善宏观调控,发挥国家发展规划的战略导向作用,健全财政、货币、产业、区域等经济政策协调机制,避免经济大起大落,保持良好的发展环境,促进全球资源要素流动。

这一现代化经济体系的基本特点:一是创新为主导,创新驱动发展。创新是这一现代化经济体系的战略支撑。不断增强上海的创造力和竞争力是这一现代化经济体系的重要标志。二是以协调为基调,促进融合发展。强调实体经济、科技创新、现代金融、人力资源协同发展,促进一二三产业融合发展,促进经济与生态协调发展,建立健全城乡融合发展体制机制和政策体系,建立更加有效的区域协调发展新机制。三是以开放为引领。坚持"引进来"和"走出去"并重，遵循共商共建共享原则，加强创新能力的开放合作，形成陆海内外联动、东西双向互济的开放格局。四是富有活力、弹性的系统。经济主体充满活力，经济机制有效运行，创新创业活跃。遇到外部冲击时，能适时适度调整，具有较强的适应性和抗风险能力。

上海建设卓越的全球城市，实现发展构架再造和重塑，必须贯彻新发展理念，加快现代化经济体系建设。

深化以完善产权制度和要素市场化配置为重点的经济体制改革。上海自贸试验区的制度创新，要更加聚焦产权有效激励、要素自由流动、价格反应灵活、竞争公平有序、企业优胜劣汰的体制和机制改革。同时，要进一步完善促进消费的体制机制，增强消费对上海经济发展的基础性作用。深化投融资体制改革，发挥投资对优化上海供给结构的关键性作用。另外，上海还要加大国有经济和国有企业的改革力度，完善国有资产管理体制，改革国有资本授权经营体制，加快国有经济布局优化、结构调整、战略性重组，促进国有资产保值增值，推动国有资本做强做优做大，有效防止国有资产流失。深化国有企业改革，发展混合所有制经济，培育具有全球竞争力的世界一流企业。

加快科创中心建设步伐，尽快建成科创中心基本框架。加快国家综合性科学中心建设，瞄准世界科技前沿，强化基础研究，实现前瞻性基础研究、引领性原创成果重大突破。加强应用基础研究,拓展实施国家重大科技项目,构建关键共性技术、前沿引领技术、现代工程技术、颠覆性技术创新的平台。深化科技体制改革,建立以企业为主体、市场为导向、产学研深度融合的技术创新体系。倡导创新文化,强化知识产权创造、保护、运用。创造良好的创新生态环境,培养和吸引一大批具有国际水平的战略科技人才、科技领军人才、青年科技人才和高水平创新团队。加强对中小企业创新的支持,促进科技成果转化。

推进新一轮上海自贸试验区建设,加快构建开放型经济新体制。中央已赋予自由贸易试验区更大改革自主权并支持建设自贸区新片区,上海要积极作为,与国际投资和贸易通行规则相衔接,加快健全投资管理、贸易监管、金融服务、政府管理"四个体系",实行高水平的贸易和投资自由化便利化政策,全面实行准入前国民待遇加负面清单管理制度,大幅度放宽市场准入,扩大服务业对外开放,保护外商投资合法权益。按照新一轮上海自贸试验区建设的要求和目标,加快建设开放与创新融为一体的综合改革试验区,重点是完善负面清单管理模式,拓展自由贸易账户功能;建立开放型经济体系的风险压力测试区;打造提升政府治理能力的先行区;成为服务国家"一带一路"建设、推动市场主体"走出去"的桥头堡。探索新片区建设,创新对外投资方式,促进国际产能合作,形成面向全球的贸易、投融资、生产、服务网络，加快培育国际经济合作和竞争新优势。

深化供给侧结构性改革，调整和完善经济结构。上海要加快发展现代服务业，提升服务经济能级，瞄准国际标准提高服务业发展水平。按照国家加快建设制造强国的目标，上海要加快发展先进制造业和装备业，提升战略性新兴产业的能级水平，促进产业迈向全球价值链中高端。上海更要推动互联网、大数据、人工智能和实体经济深度融合，在中高端消费、创新引领、绿色低碳、共享经济、现代供应链、人力资本服务等领域培育新增长点，形成新动能。同时，优化存量资源配置，扩大优质增量供给，实现供需动态平衡。

3.6 如何体现高质量发展和高品质生活？

上海建设卓越的全球城市，实行路径转换，要充分体现高质量发展和高品质生活。这是全球城市独特的全球资源配置功能所内在要求的，并成为全球城市的鲜明标识。在纽约、伦敦、巴黎、东京等全球城市，无不让人切身感受到高质量发展和高品质生活的魅力。

高质量发展和高品质生活是内在统一的。只有高质量发展，才有可能实现高品质生活；而日益增长的高品质生活要求，又成为促进高质量发展的强大动力。这种高质量发展和高品质生活，源自创新型生产、高效性流通、公平性分配、成熟型消费之间的高度协同，是一种内生性、生态系和可持续有机发展（organic development）的结果。其基本内涵或关键点在于：首先，如何发展比增长多少更重要。国民经济的估值，不仅要看增长的速度，更要看增长的来源、质量和方式；不仅要看其增长产出多少，更要看其耗费了多少投入，消耗了多少资源。基于大量投入与消耗的高增长，与其说是在成长，不如说是在毁灭社会价值。只有基于全要素生产率提高的增长，才能给社会带来更高的回报。其次，提高生活品质的程度比提供多少产品更重要。经济绩效的衡量，不仅要看产能及产出水平，更要看是否满足生活品质提高的要求。大量生产的低质量、低差异化、低附加值的产出，与其说是供给充裕，不如说是产能过剩。只有高质量、高差异化、高附加值的产出，才能提高生活品质。再则，结构协同性比总量规模大小更重要。发展成效的判断，不仅要看总量规模大小，更要看其建立在什么样的结构基础上。基于结构扭曲的总量规模扩大，通常是"虚胖综合征"。只有社会再生产过程各环节高度协同基础上的总量规模扩大，才是真正的壮大和强大。

高质量发展和高品质生活，贯穿于整个社会再生产过程之中，是生产、流通、分配、消费等环节高度协同所铸就的。

从生产过程看，主要在于生产函数发生质变的创新型生产。这是实现高质量发展和高品质生活的基础。首先，依靠与一定高技术条件相适应的高级要素投入，更多发挥高级生产要素在配置中的主导作用。因为二三流生产线、低质材料和低素质人力资源的投入，生产不出一流品质产品，也难以满足高品质生活的要求。因此，要更多地依靠科技创新，依靠关键装备、关键部件和关键材料等资本品与高素质人力资源投入，以及土地等自然资源的集约化高效使用，从自然资源和投资驱动型"汗水经济"转变为创新驱动型的"智慧经济""智能经济"。其次，是生产要素的有效配置，提高全要素生产率。例如，把资源要素配置到富有活力的部门和企业中去，改变资源要素较多流入虚拟经济以及滞留在僵尸企业的局面。再则，是产出的有效供给，满足多层次、多样化、个性化消费需求。按照消费升级需求，增加产品种类，推出新产品，提升产品品质，改变低水平、低质量产品同质化竞争及产能过剩的局面。

从流通过程看，主要在于降低交易费用的高效性流通。这是实现高质量发展和高品质生活的重要环节。首先，必须依赖全国统一市场。任何有形或无形的市场分割与阻隔，以及市场无序性和不透明等，都将增大流通中的制度性交易成本。这种交易成本往往不直接在流通成本中体现，而是以时间、效率损失为代价。这就要求我们改变各种形式的市场隐性门槛、不公平竞争和无序竞争，以及市场主体权益保护不力的局面,消除地方保护,加强市场行为规范,提高市场透明度,建立健全社会信用体系,加大市场主体合法正当权益的保护,大幅降低流通中的制度性交易成本。其次,借助可靠、快速、低廉的物流体系。合理、高效的物流体系,有利于降低综合运输成本。多种运输方式之间的有效衔接,有助于减少短驳、搬倒、装卸、配送等成本。运输标准化、安全、信息系统等,有利于提高流通效率。

从分配过程看,主要在于合理的初次分配和公平的再分配。这是实现高质量发展和高品质生活的重要保证。初次分配环节,要充分发挥市场机制在要素配置和价格形成中的决定性作用,创造机会公平的竞争环境,逐步解决土地、资金等要素定价不合理的问题,促进各种要素按照市场价值参与分配,维护劳动收入的主体地位,促进居民收入持续增长,提升居民可支配收入在国民可支配收入中的比重、劳动者报酬在初次分配中的比重。再分配环节,要发挥好税收、转移支付的调节作用,以及精准脱贫等措施的兜底作用,提高公共资源配置效率,促进公共资源分配的均等化;加快补齐公共服务短板,注意调节存量财富差距过大的问题,形成高收入有调节、中等收入有提升、低收入有保障的局面,提高社会流动性,避免形成阶层固化。

从消费过程看,主要在于从生存型、价格驱动型消费转向发展型和品质型消费。这是实现高质量发展和高品质生活的主要手段。在现实生活中,由于受到消费观念、甄别能力、消费认知以及缺乏激活消费手段和创新解决方案等限制,仍存在各种盲目消费、从众消费、贪便宜型消费、广告诱导型消费、过度包装消费、非环保型消费等。因此,要正确引导消费,通过创新消费服务方式,整合线上线下资源,利用互联网、大数据实现 B2C 的深度融合,推出多种互联网消费金融模式,用新产品、新服务、新体验来引领新消费,为消费者提供多元化和精准化的解决方案,从而激活和释放消费潜能。要优化和净化消费环境,通过产品严格检验和优先机制,打造产品品牌,取缔虚假广告和过度包装,创新消费维权方式,降低消费维权成本,加强社会监督等,营造安全、放心、便捷的消费环境,不让消费者在鱼龙混杂的市场中迷失双眼。要培育成熟消费者,通过开展多种形式的高品质消费宣传和教育,提高消费者认知能力,帮助大众树立宁缺毋滥的"精品"意识、适合和凸显个性化的选择意识、可持续发展的绿色意识等,形成高品质消费的理念。

3.7 全球城市要求什么样的产业配置?

全球城市的全球资源配置功能,是要由相应的产业配置来支撑的。反过来讲,全球城市的产业配置,是由其独特功能所决定的,从而与一般城市的产业配置有所不同,不能简单用一般城市产业配置合理化和高度化标准来衡量。认清全球城市产业配置的特点,按照全球城市独特功能来进行产业配置,是建设卓越全球城市的重要方面之一。

在全球城市的"一、二、三产"结构中,第一产业比重极小,可忽略不计,主要是制造业与服务业的构成。按照传统的产业部门划分,全球城市通常是以高度服务经济为主导的产业配置格局。因为对于支撑全球资源配置功能来讲,服务业所起的作用远远超过制造业;而在服务业中,消费者服务半径仅限于本市域,主要是先进生产者服务起着支配作用。这种先进生产者服务,不仅包括会计、律师、金融、中介咨询、广告等服务部门,跨国公司总部及地区总部从事的控制、指挥、协调等活动及全球研发中心所提供的技术服务等也是先进生产者服务。正是那些服务半径覆盖全球,且具有全球网络的先进生产者服务对全球价值链的治理与服务,导致全球资源的合理配置。因此,那些全球城市无一例外都是跨国公司总部、全球生产者服务公司高度集聚,先进生产者服务业高度发达的地方。

上海建设卓越的全球城市,在产业配置方面,也正朝着这一方向演化,服务业占比已达 70% 以上。然而,我们不能简单以服务业占比来衡量产业配置是否适应全球城市的独特功能。例如,有些消费型城市、旅游城市等,本身就没有什么制造业,其服务业占比自然很高,但以消费者服务业为主,显然不能作为全球城市的产业配置。因此,除了服务业占比外,还要深入考察服务业内部结构、先进生产者服务业发展水平及服务半径等标准。上海目前尽管已形成服务经济主导的产业配置格局,但从支撑全球城市的全球资源配置功能来讲,仍有相当的差距。从服务业内部结构来讲,餐饮、旅馆、零售等传统消费者服务仍占较大比重,且增长势头稳定;房地产、金融、商贸(批发)等生产者服务比重虽已增大,但增长不稳定;医疗保健、教育培训、文化创意、技术服务等新兴服务比重极其弱小。从服务业发展水平看,服务创新总体不足,特别是缺乏个性化、精细化、综合化的服务创新,主要是借助规模经济,劳动生产率较低。即使有一些服务创新,更多发生在消费者服务领域,如共享单车、网上购物、快递等,先进生产者服务领域的创新相对较少。从先进生产者服务业的服务半径看,大多数行业和企业服务半径狭小,尤其是本土服务企业缺乏自身外部网络,服务半径局限于市域范围,辐射力不强。显然,这样一种服务经济主导的产业配置难以强有力支撑全球城市的全球资源配置功能。

因此,上海建设卓越的全球城市,在服务业的产业配置方面:(1)不是简单强调进一步扩大服务业占比,而是在服务业内部结构中扩大先进生产者服务占比,大力发展基于总部经济、平台经济、流量经济的现代服务业,尤其是提升高动能、高附加值的新兴服务占比。(2)不是强调仅仅基于规模经济的服务业发展,而是促进服务创新,特别是个性化、精细化、综合化的服务创新,不断推出新技术应用、新商业模式、新业态,着力于提高劳动生产率。(3)不是满足于先进生产者服务企业的数量扩张,而是扩展其服务半径,塑造高端服务品牌,构建全球服务网络,增强全球辐射能力。只有这样,才能支撑全球城市的全球资源配置功能。

在全球城市的产业配置中,颇有争议的是制造业发展,尤其是上海在"十三五"规划中提出保持制造业25%左右的比例。首先要澄清,不能简单拿纽约市、伦敦市、东京市等服务业占比90%以上的标准来参照。上海行政区域包括郊区,其空间尺度相当于纽约、伦敦、东京的大都市范围。从大都市的空间尺度来看,这些城市也有一定比例制造业的产业配置。其次,从动态角度讲,随着全球城市升级到3.0版,科技创新成为全球城市的战略功能之一,势必带动和促进可嵌入城区的智能制造发展,制造业比重可能将有所提高。

其实,问题并不在于全球城市是否要有制造业的产业配置,以及保持多少比重才合理,而是要由什么样的制造业成为全球城市的产业配置并保持相应比例。从上海现有制造业水平及结构来看,要想保持25%的比例确实很难。一些"高污染、高能耗、高危险"行业和企业将继续加快调整。传统重化工业也呈现生产加工进一步往外转移趋势。战略性新兴产业难以成气候，产值比重较低，市场占有率不高，增加值增长率较低。制造业的外资企业总体上是"只出不进"的局面，有实力的国有企业则纷纷"走出去"布局，民营企业做不大的被调整掉，能做大的也是生产外移。上海虽然有一些工业大项目，如大飞机等，但只是总装而已，并不形成产业集群，配套加工企业大部分在外。尽管上海有较好的研发、孵化功能，也出了不少科技成果，但成果产业化大部分转向外地。上述现象的出现，有其必然性，主要是一般水平的制造业已不能适应上海特有的高成本。当然，我们可以通过政府管理制度改革、提高行政效率、规范市场、优化营商环境等措施降低交易成本。但全球城市特有的土地级差决定的高租金水平、生活成本，从而进一步决定的较高劳动力成本，以及高昂的生态环境成本等，是不可改变的现实。因此，与这种高成本条件相适应的，只有高附加值的制造业才能在上海有立足之地。

上海制造业发展，不仅是"有所为，有所不为"的排序选择，更要考虑高成本的约束条件，选择与此相适应并能充分发挥全球城市比较优势的发展方向。借鉴国外全球城市的制造产业配置，主要有两大发展方向。

1. 上海发展的先进制造业，必须具有产业链的掌控力，其主要表现在掌握关键核心技术、关键设备（部件）和关键材料（简称"三关键"）。只有具备这种产业链的掌控力，才能有过硬的质量品质，才能获得真正的高附加值。在此基础上,才能运用国际一流标准,并开发和制订国际一流标准。例如,德国开发的标准,90%以国际通用为目的,绝大部分被世界各国所引用。我们不要被冠以所谓高技术产业、新兴战略性产业或者被打上时髦印记的机器人、人工智能、新能源汽车等产业落地或入驻所蒙蔽。在这些高新制造领域,如果不掌握"三关键",尽管也会有基于规模经济的较大产出,但难以提高质量品质。中低技术,制造不出高端的产品;二、三流的装备,制造不出一流的产品;非优质的材料,制造不出优质的产品。更主要的是,从中不能获得高附加值,从而与上海特有的高成本不相适应。这意味着上海的制造缺乏竞争力,最终将被淘汰。因为这种制造水平在其他较低成本的地方同样可以发展,比上海更有竞争优势。目前,这种"三关键"正是发达国家卡我们脖子的地方,也是中国工业化的软肋。上海只有在制造的"三关键"上下功夫,解决中国制造业发展中的根本性问题,为国家作贡献,才符合卓越全球城市的战略定位,成为全球城市的产业配置。

当然,制造"三关键"的突破,是"买不来"的,只能靠自力更生、自主创新。但也不能闭门造车,而要以开放姿态,主动参与全球科技合作与竞争。当今,技术创新的全球化趋势日益增强,全球创新网络日益完善,一些学术前沿、重大科技研发越来越依赖广泛的国际合作。尽管中国科技水平总体上与发达国家有较大差距,但仍有一定的比较优势。特别是在新一轮的数据驱动、人工智能等方面，我们有大数据、场景应用等比较优势。因此在科技国际合作方面，我们要发挥比较优势，加快培育自身核心竞争力。这些科技国际合作反过来有助于制造关键核心技术、关键部件和关键材料的突破。另外，一旦我们手中掌握一些高端技术，也有助于促进技术贸易，换取一些我们欠缺的关键技术。上海建设具有全球影响力的科技创新中心，搭建全球创新网络，开展科技创新国际合作等，是上海制造业在全球竞争合作中实现转型升级的重要载体。

2. 上海发展的先进制造业，必须基于技术、市场高度集成的智能制造。这种智能制造将在制造中实行革命性的核心要素更替，围绕数据要素构建智能环境和以此为基础的"智能工厂"。这种作为制造中核心要素的智能数据，恰恰是全球城市的比较优势。而且，这种智能制造可分散化嵌入城区之中，充分利用城区的充裕资源，发挥经济高密度的优势。更主要的是，智能数据形成智能工厂和智能产品的闭环，驱动生产系统智能化，提升生产加工环节的附加值，形成新型产业价值链，将"微笑曲线"变形为"水平曲线"。因此，这种智能制造也将成为全球城市的产业配置之一，是上海制造业发展的另一个主要方向。

智能制造发展主要有五大重点领域：智能装备产业（包括智能软件、智能装备、智能零部件）、智能制造（包括智能生产线、智能工厂、数字物理系统）、智能终端（以智能消费为主）、智能服务（数字工厂解决方案、电子商务等）、智能前沿应用（智能交通、智慧医疗、智慧城市等）。这要求在制造中实现两大生产转变：一是刚性生产系统转向可重构生产系统，制造的战略功能被重新定义，客户需求的快速响应成为竞争焦点；二是大规模生产转向大规模定制，范围经济超过规模经济成为优先竞争策略。与此相适应，实现两大产业组织变革：一是促进产业融合（技术融合、平台融合、产品融合、市场融合），生产性服务成为制造业的主要业态，在空间上更为集中；二是企业内部架构（从产品设计、原型开发、企业资源、订单、生产计划获取和执行、物流、能源，到营销、售后服务）都需要按照新的产品价值链加以整合，实现组织结构扁平化，特别是强化企业内部支撑智能制造的服务部门重要性，增强提供一体化解决方案的能力和与客户的互动能力，提升利用新型基础设施进行投融资方式和商业模式创新的能力等。为大力发展智能制造，还要构建智能产业体系、区域协同创新体系、人才培养体系、政策支持体系等。

上海制造产业配置沿着这两大方向发展，必定要与科创中心建设紧密结合。特别是这种产业链掌控力的高端集群，是大量的大科学装置和实验室、科研机构、高校、研发中心、创新平台、国际合作、大企业集团、中小高科技企业、风险投资、技术服务等机构的集群。并在这一集群中，有广泛的交互、溢出等效应。另外，要融入长三角的先进制造集群，并在其中发挥重要作用。特别是上海制造的功能分工是注重于"三关键"突破，形成产业链的掌控力。这种产业链的掌控力更多体现在中间产品和资本品上，而不是最终产品上。这些最终产品的生产乃至部分中间品、资本品的生产难以在上海生存，绝大部分要放到长三角先进制造业集群中。因此上海制造的掌控力势必延伸到长三角先进制造产业链之中，与长三角先进制造形成功能分工协同。

3.8 为何优化营商环境至关重要？

上海在建设卓越全球城市，提升城市能级和核心竞争力过程中，关键任务之一是优化营商环境。优质的营商环境，犹如一个强大的吸引场集聚全球高端功能性机构（公司），承载大规模要素流动；同时，构成激发创新创业活力和提高资源配置效率的肥沃土壤。

国际经验表明，优质的营商环境是全球城市必备条件之一，是全球城市能级提升和迈向卓越的制胜法宝。例如，20 世纪 80 年代，伦敦与法兰克福两个城市争夺国际金融中心地位。当时，尽管法兰克福的区位、基础设施等条件优于伦敦，但伦敦有更好的营商环境，如放松金融管制、市场准入自由与便利、公平竞争、具备更大的多元性和包容性等,从而更具创新创业活力。这还在一定程度上弥补了区位、基础设施条件等不足。其结果是:伦敦成为国际金融中心,而法兰克福则作为欧洲的金融中心。

上海是一座具有深厚商业文明基础的城市,讲规矩、守信用的契约精神传统历久弥新,构成营商环境的一个鲜明特点。但随着时代进步和发展,营商环境的内涵不断丰富,标准日益提高,需要与时俱进地优化营商环境。近年来,上海对照世界银行的营商环境指标[1],加大改革措施,取得明显进步。在开办企业方面,建立了企业注册"一窗通"服务平台系统,将之前的 7 个办理环节调整为 5 个环节,从原来的 22 天办理时间缩减到 6 天内办结。在获得电力方面,由电网企业一口受理,办理手续从原来的 5 项缩减为用电申请和竣工装表 2 项,从原来的 145 天缩减到平均不超过 25 个工作日。在办理施工许可方面,政府审批时间从原来的 105 天分别缩短到工业项目不超过 15 天、小型项目不超过 35 天、其他社会项目不超过 48 天。在登记财产方面,实施"全网通",办理时限从原来 28 天缩减为抵押权、地役权等 6 个事项当日办结和其他事项 5 个工作日办结。在跨境贸易方面,进口集装箱"从货物抵港至提离港区"时间压缩三分之一;单证时间,实行出口原产地证网上申请自主打印 4 小时办结,地方商务部门审批的机电类产品进口许可证出证一天内办结。在纳税方面,通过推出办税事项"最多跑一次"清单、探索预填式一键申报、实行网上更正申报、拓展多元缴税方式等,纳税时间有望减少 20%。由于"营改增"和印花税实行网上申报,纳税次数可减少 2 次。正由于上述这些方面的改进,使得由上海(权重55%)与北京(权重 45%)为代表的中国营商环境全球排名从 2017年第 78 位跃升到 2018 年的第 42 位。

然而,我们必须清醒地看到,这些方面的改进主要集中在办理时间(天数)的明显缩短,而在办理手续(个数)和成本(占人均收入百分比)方面仍有较大差距,特别在办理施工许可手续方面,并列排名第一的伦敦和巴黎仅 9 个手续,排名第三的新加坡为 10 个手续,上海需要 19 个手续;在施工许可成本方面,纽约、东京、香港分别为0.3%、0.5%和 0.6%,而上海为 2.4%。另外,提高行政办事效率,为企业的开办及前期运作提供更大便利,固然是优化营商环境的重要内容,但营商环境中更核心内容是促进准入后的公平、高效、透明的规则。这是营造富有活力的经济和创业环境的基石。在执行合同司法程序质量、办理破产法律框架力度等指标上,上海虽已居于前列,但仍有不少判决的合同难以实际执行,对失信的处罚不力,市场主体权益保护不足;破产案件审理时间还可缩短,破产审判的透明度还可增强,破产成本有待降低。在获得信贷方面,特别是中小企业贷款难、融资难问题仍较普遍。在保护中小投资者方面,尚缺乏有力、有效的措施。再则,有一些没有列入世界银行营商环境的指标,如"准入前"的市场开放度,"准入后"的知识产权保护等,上海也仍有提升空间。上海在 OECD 外商直接投资限制指数排名中位列倒数第一,在关键国外人才限制指数排名中位列第七。根据普华永道《机遇之都 7》报告中知识产权保护程度得分,上海在 11 个城市[2]中排名倒数第一。最后,还有一些难以用指标来衡量的营商环境方面,例如,市场准入存在的隐性门槛,难以获得政府项目的公平竞争机会,对某些市场主体的隐性保护,透明度不高,政出多门、政策多变与政策之间"打架"扰乱市场主体的合理预期,地方政府之间"招商引税"的"挖墙脚"扰乱市场秩序等等,上海也都有改善空间。

其实,营商环境如何,一个综合性反映是创新创业活力程度。营商环境好的地方,势必充满创新创业活力;反之亦然。相比之下,上海的创新创业活力略显不足。首先,强大的创新创业活力由于拓展了发展空间和机会,对高端人力资源具有极大吸引力。而高端人力资源的集聚,反过来促进创新创业活力,两者形成互动。大量前往北京、深圳的"北漂""南漂"族,主要是被其创新创业活力所吸引。而上海目前吸引人才主要是依靠较好的人文生活环境,并非具有强大的创新创业活力。其次,创新创业活力导致物质资本与人力资本高度匹配和有效配置,成为促进经济社会发展的强大引擎。而物质资本与人力资本高度匹配和有效配置,反过来成为增强创新创业活力的基础。因此,充满创新创业活力的地方,通常具有较高的

GDP 增长速度、人均 GDP 水平、投资增长率、附加值率增长率等。上海虽然不依赖大规模投资(特别是房地产投资)来保持 GDP 高增速,但也不能掩盖创新创业活力不足导致物质资本与人力资本错配带来的 GDP 增速减缓、人均 GDP 水平提高缓慢、投资增长疲力、附加值率增长率低下等问题。再则,创新创业活力导致地点空间与流动空间的高度互构,既形成巨大的经济流量,也日益增强经济密度。上海的经济流量已有较大幅度提高,经济容量迅速增大,但经济密度偏低,在较大程度上也反映创新创业活力不足。例如,陆家嘴金融城与曼哈顿相比,商务楼宇面积已差不多接近,但平均面积容纳的从业人员数量、产出的税收等,远低于后者。又如,一方面,用地紧张,许多项目无法落地;另一方面,一些土地闲置或低效使用。总之,创新创业活力受到抑制,特别是民营经济发展受到制约难以做大做强,归根结底反映了营商环境尚存在不足。

因此,上海要对标国际最高标准、最好水平,优化营商环境,真正起到激发创新创业活力的作用。进一步加大市场开放力度,优化升级负面清单,特别是扩大服务领域开放。在破除行政性垄断、确立竞争中性、提高透明度和规范市场上下功夫,加大对市场主体利益保持力度,加大对知识产权保护力度。深化国有经济和国有企业改革,厘清政府与国有企业关系,实行国资授权经营,推进混合所有制改革,建立企业市场化机制,健全法人治理结构。从基于企业所有制的分类管理转向基于企业规模的分类管理。对于不同所有制的企业，一视同仁；只有对不同规模类型的企业，才采取差别化对待，特别是要对中小企业提供信息、技术、资金等方面援助。完善立法，提高司法质量，加大执法力度，提高监管水平。

3.9　全球城市仍需要打造城市品牌吗？

上海建设卓越的全球城市，扩展全球网络连通性和增强全球资源配置独特功能，是一个不断提高吸引力、创造力和影响力的过程。因而，全球城市本身就是一块响当当的"金字招牌"，具有很高的知名度。然而，许多全球城市还都推出了先进的城市品牌战略，让城市政策和城市发展与城市品牌保持一致，以加强其城市品牌。例如，纽约把财政等城市政策与城市品牌的业务重组相结合。[3]这种城市品牌战略，除了创造城市特质和良好形象，吸引各种目标群体到城市来，还成为用于管理人们对一个城市的认同或城市发展中的机遇、优势、重点、特色等看法，凝聚人心和各种力量共建城市的治理策略。

目前，上海提出打响服务、制造、购物、文化"四大品牌"，应该是一种城市品牌战略的具体实施。与发展理念等城市理性不同，城市品牌更是具象化、形象化的。打造城市品牌，总是要落到某些具体方面或事物上，能给人一种实际感觉与视觉效果。上海在建设卓越的全球城市过程中，服务、制造、购物、文化等是促进高质量发展和高品质生活的重要领域，从而成为实施城市品牌的实际载体和具体抓手。而且，这些实际载体和具体抓手的选择，通常是一个发展阶段中迫切需要解决的重大问题，能引起大众广泛关注和启发式的情感交流。上海近阶段，在服务、制造、购物、文化等方面的建设尤为迫切。上海的服务业比重已占 70％，需要增强城市服务功能。上海制造业要保持 25％左右比重，必须发展基于科技创新的先进制造业。上海每年召开国际进口博览会，且实行 365 天机制，要借此契机大力营造购物天堂的都市消费。上海建设国际文化大都市，要积极创新文化繁荣发展。

上海在服务、制造、购物、文化等方面有较好基础，并在历史上曾留下较好口碑，诸如"飞虎"油漆、"三五"时钟、"414"毛巾、"英雄"钢笔、"永久"和"凤凰"自行车、"蝴蝶"缝纫机、"上海牌"手表、"三枪"内衣、"中华"牙膏、"白猫"洗衣粉、"光明"食品、"民光"床单等品牌，代表了一个时代的经典记忆。但今天打响"四大品牌"，并非简单地重振过去曾有的品牌雄风，更不是沿袭过去品牌打造的路径与模式。事实上，这些旧品牌的形成、发展由其特定历史条件决定。归结起来，有四点：一是上海当时的发展顺应了产业发展规律。在中国工业化跨越轻工业、基础工业直接进入重化工业阶段和生活消费品严重短缺的背景下，上海轻工业发展且成为中国生活消费品的主要供应者。当时，上海生产的照相机、缝纫机、手表的产量占全国同类产品总产量1/3左右；电视机、自行车、录音机产量占全国1/5。在商业部门收购的日用工业品中，约有3/4调往全国各地，占全国省际调出量的30％左右。二是上海当时在国内的工业技术水平相对较高，不仅工业设备相对先进，而且有一支掌握先进技术、精通业务的科技研究队伍以及一大批手艺精湛的熟练工人。因此，上海的经济效益在全国一直居于领先地位。全民所有制工业企业每百元固定资产原值实现的工业总产值219.4元，高出全国平均水平1倍多；每百元资金实现的利税58.53元，高于全国平均水平的1.4倍；全民所有制工业企业全员劳动生产率32 241元，优于全国平均水平。三是上海制造产业配套性强。在全国180多个工业行业中，除了石油开采、森林采伐、矿产开采等以外，上海具有157个行业，已形成门类齐全、自我配套能力强的完整工业体系。四是处在封闭条件下的国内市场上，上海产品竞争无敌手而称雄。随着历史条件的变化，这些品牌的"比较优势"已不复存在。因此，我们打响"四大品牌"，必须按照国际标准与要求，充分挖掘现有的比较优势，探索品牌培育的新模式。

服务品牌的构建，自然与服务态度改进、服务方法优化、服务环境改善等有关，但不能停留在这一层面上。首先要解决的问题是，上海能提供什么服务，提供什么程度的服务。因而服务品牌的构建，其核心是增强服务功能。没有强大的服务功能，难以形成服务品牌。服务功能的增强，关键在于扩展服务半径，增强服务辐射力。尤其是先进生产者服务，不能仅局限于市域范围，而要向长三角、全国乃至全球延伸。这既是全球城市发挥全球资源配置作用的要求（即全球服务），也是上海自身健康、可持续发展的需要。先进生产者服务扩展服务半径，主要不是通过广告宣传等营销手段，而是构建自身的服务网络。若没有这种覆盖周边地区、全国乃至全球的服务网络，服务机构是走不出去拓展全球服务业务的。只有在服务网络基础上扩展服务半径，增强服务功能，才能树立起服务品牌。

制造品牌的构建，自然与产品质量提高、功能优化、款式改进等有关，但这些只是一种结果的表现。尽管产品功能、款式可以仿造，但中低技术制造不出高端产品；二、三流装备生产不出一流产品；劣质材料形成不了优质产品。因此，制造品牌根本在于要有自主创新的高技术支撑，以先进装备与优质材料为基础。在现代条件下，产品品质已不再依赖人的技能。实际上，是人都会犯错，都会有误差，特别是在生产环节，这些人为引入的负面影响经过流水线的每个环节逐级放大，必然会最终影响产品的品质。因此，产品品质要依靠高度生产自动化和智能化，使生产的每个环节都可以精确测量到产品和生产线的各种问题并及时予以纠正。国际经验表明,制造品牌实际上都是由国际一流标准为基础的。不仅要运用国际一流标准,而且要开发和制订国际一流标准,以支撑其制造品牌。塑造制造品牌,要有职业化的工匠精神,追求专注主义、完美主义、信用主义等价值取向。不追求外在,但追求细节,即对细节的把握和精益求精。不追求价格,但追求价值,更愿意在保证利润的同时,让利润转化为更好的产品和服务完善上。不追求速度,但追求质量,努力把品质从99%提高到99.99%。打造制造品牌,必须以国际市场竞争力为衡量标准,具有相应的国际竞争能力。

购物品牌的构建,就其本身来讲,是指广义的购物,即零售与批发、国内与国外、有形与无形、线上与线下等购物。而且,这一品牌构建也并非集中在购物本身,而要突出购物的整个消费过程,是泛化的"购物＋",如购物＋体验、购物＋休闲、购物＋养生、购物＋创意、购物＋鉴赏、购物＋时尚、购物＋创美、购物＋理财等。在这一整个过程中,能够便利便捷,具有广泛选择性,确保品质保证,营造良好环境,构建智能平台,充满奇特新奇,以及产品免税等。

文化品牌的构建,重点在于广泛的国际交流,促进全球多元文化并存、交汇与交融,具有时代文明性、全球时尚引领性、中国传统文化传承性,以及上海江南文化、红色文化、海派文化的明显特点。国际经验表明,文化品牌重在载体建设。一是具有国际影响力的文化地标，包括博物馆、文化艺术中心、历史遗址、文化创意园区等。伦敦的大英博物馆，巴黎的卢浮宫、奥赛博物馆、蓬皮杜艺术中心等，都是一种文化品牌的形象与象征。这种文化地标的影响力，不仅仅在于其建筑的独特内涵及风格，更主要在于其收藏和展示的丰富内容。例如，大英博物馆藏品由跨越世界文化史的 800 多万件文物组成——从原始人类的石器到 20 世纪的版画。二是长盛不衰的经典艺术作品，包括电影与电视剧、文学、绘画、音乐、戏剧、表演等。纽约百老汇音乐剧、巴黎红磨坊歌舞表演等经典剧目，都是其文化品牌的重要标志。三是国际性文化活动，包括电影节、艺术节等重大节庆，国际会议、论坛等交流，以及大型展会、奥运会等大型赛事。

虽然打响"四大品牌"有其各自内容与重点，要采取不同的方法，但作为城市品牌战略的具体实施，更是一种城市治理策略，既通过情感和形象的树立来影响人们的看法，同时也影响和指导城市参与者的行为。与其他治理方法不同，品牌作为一种治理策略是基于启发式的情感和快速的评估，以唤起一个城市的形象为中心，并赋予城市特质的一种情感表达（如"活力十足的""充满机遇的"或"富有创新的"等），而不是通过深思熟虑或理性来提供区别于其他城市不同特点的说明书。另外，城市品牌塑造在一定程度上是通过潜意识起作用的，由品牌引发的联想通常是人们无意识行为。一般来讲,品牌在城市治理中被用来实现三个主要功能[4]:(1)对城市及其发展认知的构建和管理。由于品牌形象具有视觉效果和基于情感的交流,不仅很容易引起大众关注,而且也可以作为一种启发式工具,感性地影响人们看待城市问题的方式,从而有助于在政策及解决方案上取得大致相同的意见。这样,就可以将大众的情感和认知整合到治理过程中,并影响治理过程中的决策。(2)激活与约束城市的参与者。城市治理涉及公共和私人部门相互依赖的网络,由许多具有不同看法和策略的主体参与。品牌可以帮助参与者围绕核心理念进行合作,并激励他们参与和投资于城市发展过程。(3)促进政府及其他参与者通过媒体与外界进行广泛沟通与交流。在一个媒介化的世界里,与冗长政策文件或深度陈述相比,品牌以其短小的、高度可视化的特定格式以及情感化的方式,能更好履行与外界沟通与交流的功能。因此,城市品牌作为一种治理策略,可以补充城市治理中占主导地位的理性方法,帮助解决治理过程中情感方面的问题,同时将各种利益相关者与治理过程联系起来,使他们对城市品牌作出贡献。作为新兴治理策略,城市品牌化主要用于影响游客和投资者等目标群体的认知,也作为一种影响城市定位、空间规划、经济政策的指导方针。一个全面的城市品牌战略及作为一种治理策略,包括形象开发和产品开发两大方面。因此,城市品牌不仅在象征层面上影响城市发展,而且在城市的政策、服务和实体发展层面上也影响城市发展。

打响"四大品牌"，作为一种城市治理策略，如何来做？国际经验表明，不宜采取当地政府为主导的自上而下方法。因为当地政府作为城市品牌所有者和品牌主要管理者，负责城市品牌的开发，并说服利益相关者一起进行品牌推广活动，其重点是传播城市品牌的质量和性能（例如，低税收或良好的基础设施等），从而为这个城市增加象征和情感品质。这种自上而下的方法通常对利益相关者的影响很小，往往不能使广大的利益相关者参与到城市品牌的发展中来，从而其作为城市治理策略所起的作用较小。而且，当城市品牌在市民眼中离城市现实太遥远时，很可能发生利益相关者不予认同，甚至强烈排斥的反品牌活动。在大量利益相关者挑战城市品牌的情况下，品牌可能会适得其反，阻碍城市发展进程。

一种比较成功的城市品牌打造方法，是交互式方法。它主要围绕利益相关者的需求，并创建相应的城市品牌。因此，利益相关者对城市品牌的形成有很大影响。这种方法是在充分了解利益相关者的关注和愿望的基础上，设计与打造一个与此相适应的城市品牌。它是当地政府对相关利益者需求的一种回应，以更好地满足其需求，而不是去说服相关利益者。在这种方式下，城市品牌是政府、企业和其他社会团体之间的合作，而不是由地方政府主导。这里，地方政府可以有意识地寻求与相关利益者的合作。通过让利益相关者参与到城市品牌发展的过程中，可以尝试将利益相关者的价值观、感受和风格偏好等纳入品牌中。同时，利益相关者也可以作为合作伙伴参与品牌推广活动的实施。这种交互式方法通过多元化主体以互动合作的方式创建城市品牌，他们是城市品牌的共同生产者。因此，让利益相关者参与城市品牌的开发和实施，不仅有助于构建更符合城市现实的品牌，也减少了品牌内容被夸大扭曲和被操纵的风险。

专栏3.2　城市推广、城市营销与城市品牌

在城市管理中，树立城市的独特形象，提高城市的辨识度，从而增强城市吸引力和影响力，历来是不可或缺的重要组成部分。其中，经历了城市推广、城市营销与城市品牌等不同发展阶段。

初期，大都是一种城市推广方式。其特点是单方面对外传递信息，主要依靠文字和解释（而不是图像和情感刺激）详细介绍其自然环境、经济、文化、社会等各方面情况及特点。例如，各种城市介绍的宣传手册等。这种城市推广缺乏清晰的轮廓和鲜明的形象，所展示的信息不能被快速处理和容易记住。而且，它只是作为交流的一种补充，并没有成为城市规划和政策制定的一个组成部分。

20世纪下半叶开始兴起城市营销热潮。其主要是为了吸引与争夺外来投资及机构（公司），从而更多是围绕消费者需求展开的。这种把城市作为营销对象，就不仅仅是对外发出信息，更重要的是发现消费者想要什么，以及主动接收来自消费者需求的信息，从而更关注于构建一个好的城市营销组合。为了吸引外部目标群体，不仅要改善城市形象，还要改善城市的现实，诸如改善城市基础设施、优化营商环境、集聚人力资本等。因此，城市营销成为城市建设与发展的一个组成部分。

到20世纪末，在媒体关注扮演重要角色的视觉文化背景下，随着强调消费者体验的认知刺激和感官愉悦及声誉、时尚或社会身份象征等理念兴起，围绕事件、口碑等新的营销手段被更多运用，以及更多注重内部相关利益者之间合作等，城市品牌开始蓬勃发展。它通过强调某些功能性、象征性和体验性等方面赋予其特定的形象、感觉和意义，用以唤起与城市的情感和心理联系，并作为一种象征来定位自己，以提高城市识别度以及区别于其他城市，在全球市场上争夺投资者、公司、游客和居民。更为重要的，城市品牌不仅被用来影响外部目标群体（如访客或投资者）的认知，增强城市的吸引力与影响力，而且还被用来影响"内部目标群体"或利益相关者（如政客或公务员）的认知，凝聚社会各方面力量来增强城市的创造力与竞争力。因此，城市品牌不仅仅是创造形象，在象征层面上具有影响力，也已经成为指导城市发展的指导方针之一，成为真正的治理工具，在城市规划、政策制定和具体城市发展层面发挥重要作用。

资料来源：根据相关文献整理。

3.10 全球城市建设如何融入长三角一体化？

当今全球城市的发展，已不再是一个城市单元，而是作为一种地区现象，演化为全球城市区域或巨型城市区域。这意味着全球城市发展动力及战略空间从全球连接的单一性转向全球连接与地区功能连接的双重性，寓于地区一体化发展之中。因此，上海建设卓越的全球城市，不能基于自身市域范围的"单打独斗"，而要融入长三角更高质量一体化发展。

长三角地区处于东亚地理中心和西太平洋的东亚航线要冲，是"一带一路"与长江经济带的重要交汇地带，是中国"东进"连接发达国家与"西进"（"一带一路"）连接广大发展中国家的核心枢纽。其交通条件便利，经济腹地广阔，经济实力雄厚，是中国经济最具活力、创新能力最强的区域之一。目前，长三角地区已具备全球城市区域或巨型城市区域的两个基本条件：高度城市化和高度全球化。长三角地区是世界第六大城市群，城市密集分布，且城市结构合理。

同时，长三角地区是高度外向型经济，深度参与经济全球化，其主要城市都有较强区域以外的外部联系，受到全球网络的不同程度覆盖，具有大量的全球连接。因此，长三角地区一体化发展是上海建设卓越全球城市，实现空间拓展的重要支撑。

自改革开放以来，长三角地区合作交流不断深化，经济联系日益加强，产业链日趋完善，分工合作愈加清晰，合作领域不断扩展，交流力度逐步强化。在此基础上，长三角地区迈向更高质量一体化发展将是重大的区域发展转型，将开创区域发展的新格局。其主要标志是：

1. 从区域垂直梯度分工转向水平协同分工，实现功能集成。在过去长三角地区交流与合作中，形成了上海与周边地区及城市的垂直分工体系。上海凭借雄厚经济实力、城市综合服务功能以及强大产业集群作为制高点，周边地区及城市主要接受上海的功能扩散与辐射及产业梯度转移。长三角更高质量一体化发展将要求实现分工体系升级，转向更为高级的水平协同分工，即区位功能专业化分工。这是区域城市间高度功能连接与集成的基础。例如，日本太平洋沿岸巨型城市区域，东京集聚现代服务业，多摩地区为高新技术区，神奈川地区机械业更突出，千叶地区化工业比例更大。日本东京湾6个港口具有明显的区位功能专业化倾向，最大的千叶港口作为原料输入港，横滨港口负责对外贸易，东京港口集中于内贸,川崎港口专为企业输送原材料和制成品。这意味着各地城市必须在市场机制决定性引导和配置下培育和形成功能专业化的比较优势,发挥各自的重要作用,并实现城市之间功能连接与集成及互补,以不同方式驱动在物理上独立和间离的城市经济增长。当然,区域中的功能专业化水平分工是市场自然选择结果,功能连接与集成主要是通过市场活动形成的。在此过程中,关键在于找准功能专业化的比较优势,其取决于自然禀赋及自身发展定位。上海应聚焦全球城市的网络节点、全球平台、门户枢纽、流量经济等核心功能,发挥龙头带动作用。江浙皖要各扬所长,做大做强各自特色功能及其具有竞争力优势的产业,从而形成强大的互补效应与协同效应。这种水平协同分工将改变过去周边地区及城市单向接轨上海、融入上海的格局,在"龙头、龙身、龙尾"培育和发挥各自核心竞争力基础上,实行双向对接、相互融入,从而使各地专业化功能得以系统集成,提高长三角区域竞争力总体水平。

2. 从中心—外围等级结构转向区域网络平等结构,实现组织(网络)集成。长期以来长三角地区形成以上海为中心,周边地区及城市为外围的传统区域模式。这种中心—外围的等级结构,通常导致竞争大于合作。长三角更高质量一体化发展,主要是区域内全球网络连接的发展,并趋向于形成大规模流动的网络结构。上海与其他城市都将成为这一区域网络中的节点,并构成网络连通性。城市间的网络关系主要是由所在城市中的企业（机构）内部网络（次级网络）连接创造的，主体不是城市政府，而是公司（机构），不能用行政手段越俎代庖。正是通过现代服务业网络、产业价值链网络、创新及技术服务网络、交通网络、信息网络、政府网络、非政府组织网络、社会网络等，以不同方向、不同尺度连接区域内城市，并实现其互补性。在这种网络结构中，尽管长三角地区从形态学角度讲呈现上海"单中心"偏向的明显特征，但从关系学角度讲更多呈现"多中心"偏向特征，杭州、南京、合肥，甚至苏州、宁波等这样一批重要节点城市形成功能多中心分布。因此，上海的发展不能着眼于形态单中心结构的扩张，也不能停留在形态单中心角度考虑发挥自身作用，而要立足于长三角地区功能多中心结构来寻找自身功能定位，在整合长三角地区并将其连锁到世界城市网络过程中发挥重要作用。这就要求上海把基于生产专业化、产业价值链分工的一般经济联系提升到城市区位功能连接与集成的新高度，在区域功能多中心空间结构中发挥核心作用。在这种网络结构中，尽管各节点的连通性水平及其地位有差异，其发挥的作用不尽相同，但节点之间则是一种平等关系，通常是合作大于竞争，在交互与共赢的基础上，寻求更大范围、更深层的合作。

3. 从基于行政边界的合作交流转向基于市场流动的合作发展，实现关系集成。过去长三角虽然也有市场自发的要素流动、企业合作与产业配套等,但在很大程度上受制于行政边界,特别是地方政府为争夺资源要素的各种优惠与保护性政策竞争,更是凸显出政府主导下的区域合作模式。长三角更高质量一体化发展,势必要求突破行政边界限制,消除优惠与保护性的政策竞争,在统一市场和公平竞争环境中促进区域内不同城市之间信息、思想、人员、资本等资源要素流动,包括由现代服务业日常活动引起的有形和无形流动,实现资源有效配置。

4. 从零散性区域合作转向区域共同体发展,实现政策集成。过去长三角地区在旅游、交通、教育、环境整治等诸多领域开展了合作交流,但大都基于"能合则合,不能合则不合,能合多少就是多少"的原则,从而更多是"点对点"的合作以及"廊道式""飞地型"的连接。长三角更高质量一体化发展,将在区域层面存在战略与规划、政策乃至协调机制,实现交通、能源、技术创新、产业链、信息、生态治理、公共服务、市场环境等全方位连接,从而成为一个在空间便捷、资源配置、产业分工、人文交流、公共服务等方面具有功能互补和良好协调机制的共同体。这种共同体发展将聚焦规划对接、改革联动、创新协同、设施互通、信息数据共享开放、优质资源的公共服务共建共享、生态环境共治共保等。

长三角更高质量一体化发展对区域治理提出新的更高要求。国际经验表明,区域治理结构是促进区域一体化发展的关键。我们必须适应长三角更高质量的一体化发展，实行区域治理的升级，构建区域治理新模式，提高现代化区域治理水平。

1. 从随机性治理提升为框架性治理。过去长三角区域治理大都是协商议题临时性安排，实行"一事一议"及专项措施，或者是针对太湖出现蓝藻、黄浦江浮现死猪等事件的应急性磋商，以及召开世博会等重大活动采取应景性的临时联合措施，等等。长三角更高质量一体化发展，特别是作为一个共同体发展，要求实行框架性治理，用超越行政管辖边界的制度结构来确保区域战略规划与政策合作，制定推进长三角一体化的路线图和时间表，计划每年推出重点合作事项和举措。

2. 从政府单一化治理提升为多元主体参与型治理。过去长三角的区域治理具有主体单一性特点，主要是地方政府之间的交流与协商，制定相关的正式协议，进行有限的政策合作等。长三角更高质量一体化发展，要求在政府主导的基础上越来越突出民间组织在区域协调中的地位和作用，形成一种国家、地方政府、企业及本地参与者的混合治理结构。当然，这种混合治理结构，各国和各地根据自身不同情况，在实践中又有所侧重，呈现不同协调模式。例如，以英国英格兰城市群、日本太平洋沿岸城市群为代表的中央政府特设机构主导协调模式，政府主导规划法案的制定和实施，并运用产业政策、区域功能分工、大交通、自然环境等许多专项规划与政策进行协调。又如,以欧洲西北部城市群的市(镇)联合体为代表的地方联合组织主导协调模式,其特点在于明确了政府不干预规划的具体内容,市(镇)联合体可以对基础设施、产业发展、城镇规划、环境保护以及科教文卫等一系列活动进行一体化协调。再如,以美国东北部城市群和北美五大湖城市群为代表的民间组织为主、政府为辅的联合协调模式,其由半官方性质的地方政府联合组织"纽约区域规划协会"(RPA)、跨区域政府机构"纽约新泽西港务局"等和功能单一的特别区共同协调。随着市场化趋势加速,民间组织在区域协调中的地位和作用越来越突出。在这种治理结构下,越来越多是由地方政府和商会、利益相关者、协会等创建和管理的各种正式与非正式、显式与隐式以及完整的或不完整的软协议,以指导当地行动者行为;与这些软协议相配套,建立实施协议的工作网络。

3. 从措施性治理提升为机制性治理。过去长三角基于松散型的区域合作,主要是采取基于明确针对性的个别政策措施。这些政策措施有较强时效性和较弱约束性,也缺乏配套性。当长三角实现紧密性区域合作时,必须建立"多边"协商、多层次协议、多方利益协调的机制,实行具有长效性和较大约束力、整体配套的机制性治理。

4. 从粗线条治理提升为精细化治理。过去长三角区域治理大都停留在概念性战略合作、战略合作意向、合作框架内容等层面,且缺乏全过程管理。长三角更高质量一体化发展要求在此基础上进一步深化区域合作的重点领域,采取因地制宜、因事而异的合作方式,细分专项性合作,制定可操作性的实施方案。对于实施的合作专项,实行事前充分研究与协商、事中跟踪与监测、事后评估与调整的全过程管理。实行制度化、科学化、项目化、智能化的精细化区域治理。

国际经验表明,区域治理比其他任何治理都更复杂,要取得良好治理成效更难。因为地区发展中同时存在"地点空间"与"流动空间",前者是有行政的边界,后者是流动的无边界,两者天然地互为结构性分裂。在长三角区域中,城际关系远远超出了行政管辖的城市边界和法定边界。经济联系和功能关系强调边界必须是"多孔"(可渗透)的,与基于行政管辖的制度政策往往矛盾,从而对物理运输模式、基础设施管理、融资有效性和环境可持续等形成高度挑战性。构建新型长三角区域治理体系,必须立足于妥善解决(无法消除)这种结构性分裂,尽可能减弱行政边界的障碍,最大可能扩展无边界的流动。

1. 加大区域治理基础设施建设。区域治理通过城市网络扩展来寻求区域的空间一体化(即扩大的特定功能区域)需要有相应的基础设施。一是完善商务网络基础设施,搭建各种类型的商务平台,形成完备的商务组织网络。二是增强信息传播、交通运输、水资源开发利用、能源安全等流动性基础设施。三是建立健全公共部门治理基础设施，共享信息数据，规范统一市场秩序，构建全域信用体系，统一监管框架等。

2. 创新区域治理的制度框架。加强国家在长三角区域治理中的重要作用，主要是确立宪法秩序，将长三角区域发展上升为国家战略，并通过中央与地方政府的权力关系（事权与财权）分配、制定区域发展战略规划等方式实施。在条件允许的情况下，由国家设立跨地区政府专业管理局，统筹管理区域中如港口运输、环境治理等某些特殊专业事项。发挥区域内地方政府的积极作用，主要是经过充分协商制定促进区域发展的基本规则及其实施标准，以协调项目、事项为重点，以解决有争议的空间问题为有限目标，明确具体行动计划，及时评估实际成效和不足，促使跨地区协调行之有效。同时，构建跨地区的政策网络，包括地方立法、政府规章制定等方面的沟通协商机制，加强组织建设，包括一些常设性的联合办公机构。

3. 构建新公共管理模式。形成多元主体参与，政府组织与非政府组织相结合，体现社会各阶层意志的新公共管理模式。除了运用制度框架下的正式规则外，更多发展基于利益交互与双赢的软协议，包括城市政府、行业协会等非政府组织、企业之间的软协议，作为一种共识和共同行为准则，吸引和规制资源要素跨界流动。搭建区域内各种平等对话的平台，发展跨地区的行业协会及联合会等。

4. 完善利益协调机制。深入研究与探索区域发展的利益评判标准、利益评估方法、利益划分与分解方式、利益分配等；进一步完善利益共享机制，如自贸试验区制度创新的改革红利共享，国家综合科学中心等科创资源与平台的共享等；创新利益交换机制，如区域内碳排放权、排污权等事权交易制度；探索和建立利益补偿机制，如生态保护补偿、土地异地调剂等；建立健全利益保护机制，确保合作各方的综合收益大于合作成本，实现各地之间的合作与制衡。

5. 形成规划引领的多层次、多样化治理方式。长三角区域治理的基本出发点，主要针对如何有效组织城市之间的特定功能和潜在功能。基于城市网络关系的多重性，要以区域规划为"牛鼻子"引领多层次、多样化的治理方式。制定具有明确法定地位的区域发展战略及空间规则，发挥强势调控和指导作用，调整区域的城市体系、产业布局、交通网络、发展轴带模式等。例如，在英国的规划体系中，法定规划以"区域空间战略"和地方政府的"发展规划框架"为主体，加强了区域层面的指导作用。又如，法国政府在"巴黎—鲁昂"城市群规划中，为了限制巴黎大都市区的扩展，改变原来向心聚集发展的城市结构，沿塞纳河下游在更大范围内规划布局工业和人口而形成带状城市群。再如，日本几轮国土规划的出发点也都是为了改变太平洋沿岸城市群中东京独大的单核结构，形成以东京为政治中心、大阪为商业中心的"双中心"布局。另外，采取以专项研究和引导为重点的协调机制,更多关注城市生态发展、环境保护、技术手段等实际的细节问题,更多发挥专业技术的沟通与协调角色。这种以专项研究和引导为重点的区域协调更容易促成不同利益主体达成共识。

这些专项研究和引导要兼顾多种管辖性、考虑多个目的性和强调多种相关问题的综合性,并引入多方利益相关者,注重多尺度的操作性,即在不同的地理尺度下采用不同的管制措施和政策。这些专项研究由利益相关者成立一个多部门的联合机构,重在建立一个对话和信息交换的有效平台,用先进的科学方法和技术手段辅助决策,协调多方面利益,就相关问题达成共识。其日常工作方法必须严谨细致,保证基础数据的准确性和详实性,提高研究的细致和深入程度。而且这些研究的数据和结论能真实详尽地公布在网站上,供政府、企业和公众随时取用。

专栏 3.3 区域双重空间结构

衡量区域空间结构,通常有两种不同方法,即形态学方法与关系学方法。形态学方法侧重于城市本身的特点,通常基于相对规模来评估其中心的重要性。如果区域内的城市规模分布回归斜率比较陡峭,则偏向于形态单中心结构,即以一个占主导地位的中心存在为特点形成明显的规模层级结构。如果区域内城市规模更平衡分布,则表现为形态多中心结构。关系学方法主要着眼于城市链接的特点,通常基于链接功能来评估其中心的重要性。如果区域内诸多城市集中向某一中心流动(即以一个区域所有连接存在于一个主要城市为0),则表现为纯粹的功能单中心。如果城市之间功能互动处于一种平衡、全方位的关系(即以一个区域的主要城市拥有同等连接为1),则表现为纯粹的功能多中心(见下图)。

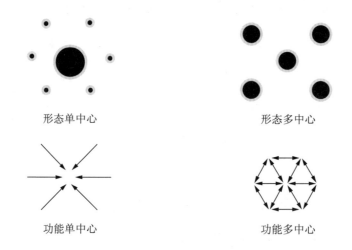

形态单中心　　　　　　　　　　　　形态多中心

功能单中心　　　　　　　　　　　　功能多中心

尽管地区的形态空间结构和功能空间结构之间有相当关联,但它们是不同的理论建构。形态多中心不一定意味相互之间有功能联系,例如欧洲的莱茵河鲁尔地区是典型的形态多中心,但中心之间缺乏网络性联系,全球先进生产者服务功能却集中在都柏林一个城市,则是功能单中心结构。同样,形态单中心也可能有更多的功能联系,例如英格兰东南部地区是形态单中心,但伦敦却通过全球先进生产者服务的业务流动显示出高度功能连接,呈现一个功能多中心的城市间关系。

传统区域理论中,主要考虑基于城市规模的形态空间结构。例如,按照城区常住人口计算,长三角地区拥有1座超大城市(上海)、1座特大城市、13座大城市、9座中等城市和42座小城市,呈现一种形态单中心结构。然而,全球城市区域或巨型城市区域主要基于不同中心功能之间的商品、人员和服务物理运动的连接,所以更广泛应用功能多中心概念。长三角一体化发展主要表现为功能多中心空间结构构建。

资料来源:作者整理编写。

3.11　为何全球人才环流是关键?

全球城市是全球化所带来的全球知识集聚与流动不断扩展和复杂化的重要载体,不仅仅是不成比例地吸引具有指挥和控制全球经济的组织及其支撑的专业服务机构,而且吸引了更大规模的熟练劳动力和专业人士。这内在规定了全球城市特有的人力资本禀赋,并赋予其全球人才集聚与流动的鲜明特征。同时,这种人力资本禀赋也是全球城市演化的重要战略资源，其奠定了城市心智不断趋于提高及对选择环境作出积极反应的坚实基础。上海建设卓越的全球城市，能否具有与其功能相匹配的人力资本禀赋，以及全球人才的集聚与流动，构成了其成败得失的关键。

全球城市的人力资本禀赋不是"自然"和静态的，而是动态变化的，存在于流动性中。在此过程中，会有相当部分外国人（境外人士）进入并长期或永久居留，其在当地居民总数中的比例趋于扩大，但这已不再成为唯一、主流的模式。在全球化进程背景下，得益于信息网络技术及现代交通的支持，全球城市人力资本流动方式发生新变化，特别是人员的工作地与居住地发生分离，流动类型已经多样化，"柔性流动""弹性流动"更加广泛与普遍，并呈现出越来越灵活多样的趋势。高技术移民日益具有网络化的特征[5]，包括跨国公司内部流动、短期合约，以及学生、学者、管理人员和 IT 专家的瞬态流动。特别是跨国公司外派人员在母国和其他地方之间的复杂联系[6]，越来越多的高技能专业人士的临时性跨国移动[7]，只是知识转移，而不是个人移民性质。高技能人才的"环流"，能更好体现全球城市人力资本流动的基本形式。

从表面上看，这种"人才环流"相比永久性高技术移民，具有更大的不确定性和不稳定性，似乎会削弱全球城市的人力资本流动功能。其实不然，这种人才环流将给全球城市的人力资本流动性创造更大的动能。因为从微观个体来讲，人才环流方式使其摆脱了迁移成本的多重束缚，从而更多考虑比较收益差异，甚至更多考虑或专注于其人力资本增值的驱动。这将极大提高其全球性流动的可能性，增强向全球城市流动与集聚的动力。此外，从宏观角度讲，人才环流方式使其减少了受多种因素（如国籍、种族、文化习俗、语言等）的影响，从而使基于全球尺度知识增强的交流空间趋于更大范围。显然，这将使全球城市的人力资本流动呈现更多的多样化形态和不同特点，也将给全球城市的人力资本流动提供更大的可能性空间。当然，在此过程中，确实存在更大的不确定性和不稳定性，但只要全球城市能保持对高技能人才环流的持续吸引力，就可以动态增强人力资本流动性。

全球城市的人才环流具有内生性，与全球城市的卓越程度高度正相关。对于高技能人才来说，能让其成为首选之地的最大吸引力，是提供成就满意生活的最佳机会。全球城市由于集聚了全球卓越资源，提供广泛的全球网络交流，是充满经济机遇、拥有鲜活文化和社会气氛、能够获得世界级享受、可以自由自在展示自己、实现梦想的地方，无疑成为全球高技能人才流动与集聚的选择之地。换句话说，全球城市力量决定了卓越预期，提供其倍增资源和能力的机会以及最大化的可能性，从而吸引全球人才流动与集聚。另外，全球人才流动与集聚不是线性、点对点的模式，需要有一个特别发达的全球人才网络结构。尽管城市政府在打造这一全球人才网络中发挥了重要作用,特别是在营造吸引全球人才的良好环境方面,但这一全球人才网络本质上是由所在城市知识密集型机构与公司所塑造的。全球人才网络与知识密集型机构、公司的跨国网络是紧密联系、相辅相成的。全球城市是这些知识密集型机构与公司高度集聚的地方。这些知识密集型机构与公司的全球网络的深入拓展,必然引起全球人才网络发生变化,推动高技术人才环流。因此,全球城市大量知识密集型机构和公司的集聚,奠定了全球人才流动与集聚的基础。再则,全球城市对全球资源的配置功能,其中包含着发挥全球人才资源配置作用。正是通过全球城市这一基本节点,将全球人才资源迅速地汇聚起来,也迅速地扩散到不同空间尺度的各个节点上,使人才资源的集聚与流动空间更加压缩化、扁平化。因此,全球城市通常成为其他城市联通全球人才网络的中介或门户,成为全球人才流动的集散地和中转站。其结果,由于其他城市对全球城市枢纽节点的相关性、依赖程度提高,全球城市形成强大的人才网络向心力。

上海建设卓越的全球城市,必须培育这种全球人才环流的人力资本禀赋,并充分利用这一重要战略资源。问题是,如何来做?

首先,要有一个策略性的选择:尽可能发挥上海作为全球城市的独特优势,而避免劣势。过去在吸引高技能人才方面,一直存在两大认识上误区:一是认为高生活成本是吸引人才的障碍,从而过分强调要降低生活成本；二是认为只有宜居环境才能增强对人才的吸引力，从而拼命改善生活环境。然而，这两个方面恰恰是所有全球城市的"软肋"。如果在这两个方面下功夫，不仅是"扬短避长"，而且并没针对吸引全球人才环流的要害所在。

事实上，全球城市从来就是成本"高地"，而不是"洼地"。这是由全球城市的级差水平所决定，并由人们居住分类过程内生的。不同的城市有不同的级差水平，相对而言全球城市的级差水平是最高的，其高生活成本是固有现象。而人们基于共同选择权按照各自不同偏好选择在不同城市中居住，客观上在进行自我分类。城市发展具有受分类驱动的趋向。这意味着全球城市的高生活成本，是与高人力资本的高收入相对称的。因此，全球城市的高生活成本并不会排斥具有高收入的高人力资本，只会对低人力资本产生排斥效应或某种激励效应。随着时间推移，这还会形成自我增强机制，导致高收入和高技能人员日益向全球城市集中。由于全球城市高收入人群的增长，进一步提高了生活成本，进而转化为对居住在这些地方人们的激励，帮助驱动进一步的经济增长，从而吸引更多的高人力资本进入。当然，这并不意味着可以抬高生活成本或放任生活成本急剧上升，其显然会恶化环境或削弱成就满意生活的最佳机会。但在这种全球城市较高生活成本的内生性面前，要降低生活成本确实是一件很难的事情，特别是不能人为地刻意降低成本。从静态看，这似乎有利于吸引人才，使其享有高收入与低消费的双重好处。但从动态看，低成本通常是经济衰退城市的特征，其分类过程正好相反，低成本像一块磁石吸引和留住了那些低人力资本，令经济发展进一步不景气，这反过来减弱了具有广泛居住点选择权的受过良好教育和具备高技能的人群将其作为生活场所的愿望。

对于人才吸引来说，宜居环境显然是一个重要因素。宜居理论与人力资本理论紧密相关，其逻辑线索是：具有高质量人力资本的个体（通过受教育水平来衡量）通常有较高的收入，从而具有宜居的偏好，选择那些能提供舒适的地方居住。但全球城市是一个矛盾体，既宜居又不宜居。如果"宜居"被视为城市居民福利的直接增长，那么全球城市具有让当地居民享有普惠平等性质的许多最重要的便利设施，大量能使城市宜居价值递增的公共投资（在艺术、公共建筑、公园、学校等方面），以及更多充分体现城市宜居价值的职业选择机会，从而有助于吸引人力资本。[8]但全球城市同时普遍存在一个不可回避的矛盾：由于高密度人口和商务活动集聚的特征，其在生态、交通、居住环境方面面临较大拥挤、城市安全风险、污染等问题，达不到理想或高标准的宜居水平。事实上，面对人们不同的偏好，从而并不存在单一标准，评估"宜居"程度更为复杂。如果针对全球人才流动与集聚来说，其对"宜居"标准的首要偏好是争取满意生活的机会、具有高的活力和各种各样实质选择权，哪怕存在着风险、忙碌、交通堵塞等机会成本，要同时忍受城市高密度及其带来的某些不便等。当然，我们要尽可能改善高密度城市的交通、安全、生态环境等，提高城市宜居程度。

其次，要聚焦一个核心与重点：基于全球城市力量的独特优势，借助于全球人才网络，实施卓有成效的人才政策，为全球人才提供充分实现个人价值、发挥个人特长的广阔舞台。我们过去比较注重制定和出台一些吸引人才的优惠政策，主要限于提供更好的科研、工作以及生活条件，诸如科研经费支持、予以入户籍、提供住房或住房补贴、给予各种奖励等。这些政策体现了对知识、人才的尊重，也有一定的吸引力，但并不能构筑起全球高技能人才所向往的"高处"。对于全球人才环流来说，除了获取比较收益差异外（在人才政策上有所体现），更看重的是人力资本增值机会。而人力资本增值机会来源于全球城市的财富高地、知识高地、创新高地、文化高地等。在这些高地上，由于发生高频率的价值交易、高度复杂性的知识交流以面对面的紧密接触，使其可能获得国际的、先进的知识、经验和资源，并利用这些知识和资源最大程度地获得比较收益差异与人力资本增值，从而对其职业生涯意义重大。也就是，只有在这些财富高地、知识高地、创新高地、文化高地等基础上，才能支撑起人才高地。否则，人才优惠政策效应将是很微弱的。因此，促进全球化人才环流的重点是不断通过对环境条件的动态评估，不断找出和修正与全球人才环流需求的偏差，对原有基础与条件进行调整与改造，并构建新的文化和政治认同，在与其他地方的竞争中形成一种特殊种类的文化空间和场所，为全球人才流动与集聚所用。

最后，促进全球化人才环流的主要载体，是打造"全球人才俱乐部"。对于全球化人才环流来说，比较合适的载体是基于流动性的"俱乐部"。其主要运作平台：一是以跨国公司、国际组织、科研机构、高等院校为代表的人力资本储备平台；二是以国际组织、国际会议论坛、国际赛事节庆、图书馆、博物馆为代表的全球人才交流平台；三是以咨询公司、猎头公司和基金会为代表的全球人才环流服务平台。这三类功能性平台的有机组合，将形成全球人才俱乐部的统一体。全球人才俱乐部的核心作用就是最大程度地发挥全球人才流动与集聚的效应，形成人才环流"滚雪球式"的马太效应。为此，需要充分发挥全球人才俱乐部的"学习效应"，通过频繁交流与碰撞，共享专业知识，相互影响与启发，特别是从中获取隐性知识，达到知识增强的目的，从而对人才流动与集聚有极强的吸引力。同时，充分发挥全球人才俱乐部的"组合效应"，通过自由选择产生由人才知识结构互补驱动的匹配现象，达到各尽其才的最佳组合。这将形成有别于以往人才围绕资本而流动与集聚的新模式与新格局，即人才将围绕人才最佳组合而流动与集聚，从而更具人才流动与集聚的凝聚力。此外，充分发挥全球人才俱乐部的强大"竞争效应"，推动优胜劣汰，从中不断涌现出一大批富有创新精神、锐意进取、与时俱进的精英，不断筛选出更高水平、更高层级的人才，促进人才高端化发展，保持人才流动与集聚的强大活力。最后，充分发挥全球人才俱乐部的"名人效应"，使更多人才通过在全球人才俱乐部的"镀金"迅速提高知名度。

如果对全球人才俱乐部进行细分，则可分为基于职业流动的人才俱乐部和基于学术流动的人才俱乐部，其作用机制和平台有所侧重。对于前者，崇尚冒险、鼓励创业、倡导创新、宽容失败、进退有序的制度安排，是促进全球人才流动与集聚的重要机制之一。这种制度安排将营造"创业者的乐园""创新者的福地"，吸引大量创业者、创新者前来"淘金""镀金"，塑造职业人生，实现自我价值，并以此为基地走向世界。因此，这不仅将带来全球人才环流规模扩张，而且也将产生人才环流持续不断的累积循环，促进人才高地不断提升。对于后者，国际一流大学和科研机构是重要平台。要积极争取国家支持，举全市之力建设若干所国际一流大学，加强人才、资金、设施等资源的投入与配置。同时，按照国际一流大学通行规则强化大学治理，通过引进独办、联合办学、加强人员交流等形式，创新与海外著名高校合作的体制机制。当然，关键是人力资本的投资效率。这要求教育方向、专业设置、课程安排、教学内容等更加贴近经济社会发展的现实需求，要求有高水平的师资力量，要求运用现代化的教学方法、手段与工具。在国际一流大学和科研机构的平台上,设立各类应用性和研究性基金和奖学金,是促进全球人才环流的重要机制之一。实践证明,获得基金和奖学金资助的外国访问学者、留学生等,与本国同事之间建立起相当可持续的联系,在访问研究和留学结束后,仍会通过不定期或定期信息交换而保持联系,由此建立起来的学术联系将导致国际合作的迅速发展,融入国际科学界。当然,这种研究基金和奖学金机制的有效运作,要有一系列基础条件,如高等教育和研究的扩张、研究基础设施的改善和质量提升等。这些过程与研究基金、奖学金上升,以及与申请者和科研人员的年龄、职业阶段、学术资格的提高等密切相关。因此,一方面要加强学术流动资助,促进国际专业知识、人员交流和相关物质资源的转移,增加知识"储备"[9],形成国内知识生产中心;另一方面要加强研究项目和人员的后续交互,开展国际合作研究,促进累积循环,从而促进 21 世纪新兴的全球知识生产中心的发展。[10]

【注释】

[1] 世界银行的营商环境 10 个主要一级指标,即开办企业、办理施工许可、获得电力、登记财产、获得信贷、保护中小投资者、纳税、跨境贸

易、执行合同和办理破产。

[2] 11 个城市即新加坡、东京、伦敦、香港、阿姆斯特丹、巴黎、悉尼、迪拜、洛杉矶、纽约、上海。

[3] Greenberg，M.，2008，*Branding New York：How a City in Crisis was Sold to the World*，New York：Routledge.

[4] Eshuis，J. and Klijn，E.H.，2012，*Branding in Governance and Public Management*，London：Routledge.

[5] Taylor，P.J.，1999，*Modernities：A Geohistorical Interpretation*，Cambridge：Polity Press.

[6] Saxenian，A.L.，2005，"From Brain Drain to Brain Circulation：Transnational Communities and Regional Upgrading in India and China"，*Studies in Comparative International Development*，40(2)，35—61.

[7] Ackers，L.，2005，"Moving People and Knowledge：Scientific Mobility in the European Union"，*International Migration*，43(5)，99—131.

[8] Storper，M. and Manville，M.，2006，"Behaviour，Preferences and Cities：Urban Theory and Urban Resurgence"，*Urban Studies*，43(8)，1247—1274.

[9] De Certeau，M.，1986，*Heterologies：Discourse on the Other*，Manchester：Manchester University Press.

[10] Leydesdorff，L. and Zhou，P.，2005，"Are the Contributions of China and Korea Upsetting the World System of Science?"，*Scientometrics*，63(3)，617—630.

图书在版编目(CIP)数据

卓越的全球城市:国家使命与上海雄心/周振华著
.—上海:格致出版社:上海人民出版社,2019.5
ISBN 978-7-5432-2990-7

Ⅰ.①卓… Ⅱ.①周… Ⅲ.①城市建设-国际化-研
究-上海 Ⅳ.①F299.275.1

中国版本图书馆 CIP 数据核字(2019)第 041090 号

责任编辑 忻雁翔
封面设计 人马艺术设计·储平

卓越的全球城市:国家使命与上海雄心
周振华 著

出　　版　格致出版社
　　　　　上海人民出版社
　　　　　(200001　上海福建中路 193 号)
发　　行　上海人民出版社发行中心
印　　刷　常熟市新骅印刷有限公司
开　　本　720×1000　1/16
印　　张　14
插　　页　3
字　　数　123,000
版　　次　2019 年 5 月第 1 版
印　　次　2019 年 5 月第 1 次印刷
ISBN 978-7-5432-2990-7/F·1215
定　　价　58.00 元